江西理工大学清江学术文库

溢出与效率：
高校人才培养质量提升路径研究

曾国华　吴雯雯　著

北　京
冶 金 工 业 出 版 社
2021

内 容 提 要

本书分为四篇。第一篇，人才培养质量是高等教育内涵式发展的核心维度。第二篇，外谋溢出：以学科-产业适配提升人才培养质量。第三篇，内求效率：以质量成本优化提升人才培养质量。第四篇，提升策略：欠发达地区高校人才培养质量提升路径。

本书可供高等院校经济学、产业经济学、教育经济学专业的师生阅读，也可供科研院所相关专业的研究人员以及政府相关部门管理人员参考。

图书在版编目(CIP)数据

溢出与效率：高校人才培养质量提升路径研究/曾国华，吴雯雯著.—北京：冶金工业出版社，2019.11（2021.11 重印）

ISBN 978-7-5024-8291-6

Ⅰ.①溢… Ⅱ.①曾… ②吴… Ⅲ.①高等学校—人才培养—研究—中国 Ⅳ.①G649.2

中国版本图书馆 CIP 数据核字(2019)第 213272 号

溢出与效率：高校人才培养质量提升路径研究

出版发行 冶金工业出版社　　电　话 (010)64027926
地　址 北京市东城区嵩祝院北巷 39 号　　邮　编 100009
网　址 www.mip1953.com　　电子信箱 service@mip1953.com

责任编辑 杨盈园 美术编辑 郑小利 版式设计 禹 蕊
责任校对 王永欣 责任印制 李玉山
北京建宏印刷有限公司印刷
2019 年 11 月第 1 版，2021 年 11 月第 2 次印刷
710mm×1000mm 1/16；12 印张；228 千字；177 页
定价 48.00 元

投稿电话 (010)64027932 投稿信箱 tougao@cnmip.com.cn
营销中心电话 (010)64044283
冶金工业出版社天猫旗舰店 yjgycbs.tmall.com
(本书如有印装质量问题，本社营销中心负责退换)

前　言

“如果说20世纪是生产率的世纪，那么21世纪将是质量的世纪”，美国著名质量管理专家朱兰J·M·(Juran J. M.)的这句名言很好地见证了中国高等教育的发展历程。改革开放40年来，中国高等教育的改革重心已从关注规模和效益的提升转向强调质量和结构的内涵式发展。“211工程”“985工程”“高等教育强国”“双一流战略”“双万计划”的实施，更是标志着中国高等教育人才培养的“质量意识”已提升到国家层面。

依据马丁·特罗的高等教育发展阶段理论，我国高等教育已由精英化发展阶段“以产定销”的生产者质量观、大众化阶段“以销定产”的消费者质量观迈入大众化阶段“满足需求”的服务质量观。而在“满足需求”的质量观逻辑下，高等教育产品对多元教育需求的匹配和满足程度是衡量高等教育质量的关键。人才培养是大学的本质职能，要推进回归常识、回归本分、回归初心、回归梦想“四个回归”，人才培养的质量至关重要，是作为检验高等教育一切工作的根本标准。因此，人才质量跃升和办学效益最大化，实现高等教育与社会经济发展需要的同频共振，是“满足需求”的服务质量观下高等教育内涵式发展的题中之义。

在新形势下，高等教育如何通过内部要素优化整合实现高等教育与社会经济发展需要的同频共振，这是我国高等教育事业发展需要重点思考和回答的问题。本书从学科结构与产业结构匹配、人才培养质量成本角度，探讨高等教育内部要素组合效率和外部产业溢出能力，进而提出欠发达地区高等教育人才培养质量提升路径，以期为新时代我国高质量高等教育发展提供理论依据和决策参考。

围绕如何提高高等教育人才培养质量这一核心问题，本书从高等教育服务地方经济社会发展路径的一般规律入手，分析人才培养对地区经济社会发展的作用路径和影响强度，在梳理我国高等教育发展质量观演进的基础上，提出从内部成本效率提升、外部产业溢出增强两个维度，构建我国高等教育人才培养质量提升路径。

本书整体分为四大模块，结构安排和具体内容如下。

第一篇，人才培养质量是高等教育内涵式发展的核心维度。

新时代需要高质量的高等教育为经济社会发展提供支撑和动力。那么高等教育推动地区经济社会发展的路径怎样，人才培养在其中起到何种作用，存在哪些人才培养质量观，当前形势下又应该从哪些维度提升人才培养质量？第一篇在论述高等教育服务地区经济社会发展路径一般规律的基础上，通过实证分析验证人才培养对地区经济社会发展的作用路径和影响强度，结合我国高等教育质量观演进趋势，提出当前形势下我国高等教育人才培养质量提升需要考虑的维度。具体内容包括：

(1) 高等教育服务地区经济社会发展的一般规律。从地区人力资本存量、创新支撑、促进消费需求、扩大基础设施建设需求、提升地区政治素养和道德文化水平方面，构建高等教育服务区域经济社会发展的总体机制，运用计量经济学模型对人才培养—人力资本—创新能力—经济增长的逻辑路径进行验证。

(2) 人才培养质量评价核心维度。在当前经济社会发展形势和我国高等教育质量观的演变趋势分析基础上，提出从产业溢出与成本效率两个核心维度考察高等教育人才培养质量。

第二篇，外谋溢出：以学科-产业适配提升人才培养质量。

学科结构与产业结构匹配是高等教育对经济社会发展贡献的关键影响因素。以学科发展聚人才、育人才和出成果是具有普适性的大学通则。面向国家重大战略需求、优化学科布局、调整学科结构，既是提高高等教育人才培养质量和高校核心竞争力的重要举措，也是推动我国高等教育内涵式发展的关键所在。当前我国高等教育学科结构、产业结构分别呈现怎样的特点，学科结构与产业结构作用机理如何，两者是否适配，国外高等院校学科结构调整做法能否提供参考和借鉴？第二篇在对我国高等教育学科结构、产业结构现状及特征分析的基础上，剖析梳理两者作用机理，结合国内外高等教育学科结构调整的经验与启示，以江西省为例，分析学科结构与产业结构的适配度提升路径。具体内容包括：

(1) 我国高等教育学科结构和产业结构现状、趋势与问题。根据我国高等学校在校生、毕业生及招生情况分析学科结构现状和发展趋势；根据我国产业结构、就业结构以及产业结构偏离度分析我国产业结构的现状、趋势与问题。

(2) 高等教育学科结构与产业结构的作用机理。在高等教育学科结构与产业结构互动机理分析的基础上，以江西省为例实证验证我国欠发达地区学科结构与产业结构适配度及其影响因素。

(3) 国内外高等教育学科结构调整的经验与启示。归纳美国、英国、日本等国家高等学校学科专业结构及其调整变化，梳理国外高等学校学科专业结构调整的一般规律和发展趋势。

第三篇，内求效率：以质量成本优化提升人才培养质量。

伴随着“高等教育质量工程”逐渐深入，高额学费、负债运营、效率低下等“成本病”使得中国高等教育备受指责。欠发达地区高校人才培养质量成本水平和结构究竟如何，和其他地区相比是否存在改进空间，哪些因素影响高校人才培养质量成本的效率，又应该如何提高人才培养质量成本效率？第三篇重点分析我国高校人才培养质量成本支出的结构和效率，以江西省为例，分析欠发达地区高校人才培养质量成本，并通过不同类型高校的对比分析寻求质量成本的改进方向，结合高校人才培养质量成本影响因素，提出欠发达地区高校人才培养质量成本效率的提升路径。具体内容包括：

(1) 欠发达地区高校人才培养质量成本基本情况。以江西省为例，分析高校人才培养质量成本的核算方法，普通高校、普通本科高校、普通专科高校、普通成人高等学校的人才培养质量成本情况，并进行横向比较。

(2) 高校人才培养质量成本的效率评价及影响因素。以欠发达地区为例，实证测算高校人才培养质量成本效率，量化分析欠发达地区高校人才培养质量成本与就业的关系。

第四篇，提升策略：欠发达地区高校人才培养质量提升路径。

从高等教育学科结构与产业结构适配、人才培养质量成本视角提出我国高等教育人才培养质量提升路径。

本书内容涉及的研究项目包括：教育部人文社会科学研究规划基金项目“新型工业化背景下我国高等教育学科结构优化路径研究”（课题编号：16YJC880087），江西省科技厅科技计划项目基础研究计划“高校毕业生流出对江西省创新能力的影响：空间特征、冲击幅度与提升策略”（课题编号：20181BAA208005），江西省教育规划2017年重点项目“高校毕业生流出对江西省人力资本水平的影响研究”（课题编号：17ZD027），江西省教育规划2017年一般项目“新兴产业倍增背景下江西省高校产业人才培养规模研究”（课题编号：17YB094）。本书的出版得到江西理工大学清江学术文库的资助。

本书在写作过程中得到了诸多专家的指导和帮助，特此表示衷心的感谢。感谢博士研究生李瑞、硕士研究生罗传勇、王万里、温路萍认真细致的编排、校订工作。由于作者学识水平有限，书中若有疏漏之处，恳请各位同仁及读者指正。

作　者

2019年6月

目　录

第一篇　人才培养质量是高等教育内涵式发展的核心维度

第二篇　外谋溢出：以学科-产业适配提升人才培养质量

第三篇　内求效率：以质量成本优化提升人才培养质量

第四篇　提升策略：欠发达地区高校人才培养质量提升路径

第一篇

人才培养质量是高等教育内涵式发展的核心维度

《国家中长期教育改革和发展规划纲要（2010~2020年）》明确指出，“人才培养质量是高等教育内涵式发展的核心维度，是建设高等教育强国的基本要求。”依据马丁·特罗的高等教育发展阶段理论，在精英化发展阶段，应遵循“以产定销”的生产者质量观逻辑，高等教育本身就意味着质量。在高等教育由精英化阶段向大众化阶段过渡中，应遵循“以销定产”的消费者质量观逻辑，迈入大众化阶段或普及化阶段，应遵循“满足需求”的服务质量观逻辑，高等教育由此经历由数量时代向质量时代的转换。

新时代需要高质量的高等教育为经济社会发展提供支撑和动力。那么高等教育推动地区经济社会发展的路径怎样，人才培养在其中起到何种作用，存在哪些人才培养质量观，当前形势下又应该从哪些维度提升人才培养质量？对于这些问题的回答，关系到我国高等教育发展的思路和方向，具有重要的现实意义。

本篇在论述高等教育服务地区经济社会发展路径一般规律的基础上，通过实证分析验证人才培养对地区经济社会发展的作用路径和影响强度。同时，在对我国高等教育质量观进行梳理的基础上，提出当前形势下我国高等教育人才培养质量提升需要考虑的维度。

1 一般规律：高等教育服务地区经济社会发展的路径

索洛首次把教育当成经济增长的重要变量，随后舒尔茨的人力资本理论、罗默的新增长理论对教育对经济增长的影响进行了发展和完善。一般认为，长期来看，高等教育通过劳动力素质和劳动生产率的提高推动经济社会发展，其作用具有间接性、长期性和滞后性的特点；短期来看，高等教育通过消费需求、基础设施投资需求以及税收等方面对地区经济社会发展产生影响。

1.1 高等教育提高地区人力资本存量

高等教育可以为区域经济发展增加人力资本存量，为社会培养具备专业知识的人才，提高社会现有的人力资本和后备人力资本的知识和技能，增加社会知识存量；同时还可以有效提高劳动者的劳动熟练程度，缩短培训时间，节约企业培训费用。

高等教育对人力资本存量的影响主要通过两个方面体现：一是人才培养，以一定规模的大学生就业和专项培训实现社会人力资本存量的提升，直接促进经济增长，并实现文化传承；二是以高校学科、层次结构和地区分布结构影响人力资源结构，进而对产业结构的推动。

1.1.1 毕业生就业增加地区人力资本存量

大学生毕业进入劳动力市场是地区人力资本存量增长的重要途径。近年来，我国高等教育事业蓬勃发展，人力资本输出劳动力市场效果显著。1978~2014年，我国高校在校生从85.6万人增长到2547.7万人，年均增长9.88%，毕业生人数从16.5万人增长到659.4万人（表1-1），年均增长10.79%。

表1-1 我国高校发展规模（1978~2014年） （万人）

年份	在校生	毕业生	年份	在校生	毕业生
1978	85.6	16.5	1990	206.3	61.4
1980	114.4	14.7	1995	290.6	80.5
1985	170.3	31.6	2000	556.1	95

续表 1-1

年份	在校生	毕业生	年份	在校生	毕业生
2001	719.1	103.6	2008	2021	512
2002	903.4	133.7	2009	2144.7	531.1
2003	1108.6	187.7	2010	2231.8	575.4
2004	1333.5	239.1	2011	2308.5	608.2
2005	1561.8	306.8	2012	2391.3	624.7
2006	1738.8	377.5	2013	2468.1	638.7
2007	1884.9	447.8	2014	2547.7	659.4

资料来源：2015 年中国统计年鉴。

从规模上看，我国高等教育发展经历了三个特征明显不同的时期。如图 1-1 所示。第一阶段是 1978~1995 年的平稳增长期。这一期间，我国高校在校生人数年均增长 7.46%，毕业生人数年均增长 9.77%。第二阶段是 1995~2008 年的扩招期。这一期间，我国高校在校生人数年均增长 16.1%，毕业生人数年均增长 15.3%。第三阶段是 2008 年以后的减速提质期。这一期间，我国高校在校生人数年均增长 3.93%，毕业生人数年均增长 4.31%。

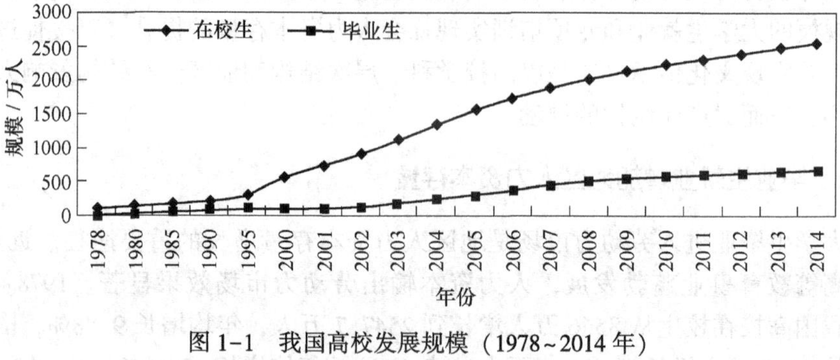

图 1-1 我国高校发展规模（1978~2014 年）

1.1.2 通过人力资本结构影响产业结构

高等教育人才培养服务地区不仅体现在为地区经济社会发展提供一定规模质量的人力资源，也体现在不同学科、不同层次的人力资源结构对产业结构的影响上。与其人力资本规模数量相比，与产业结构相匹配的人力资本结构和类型更加能够加快产业结构的升级与优化，并形成经济持续、稳定增长的强大动力。董小慧对高等教育结构与经济增长的关系做了很好的描述，如图 1-2 所示。

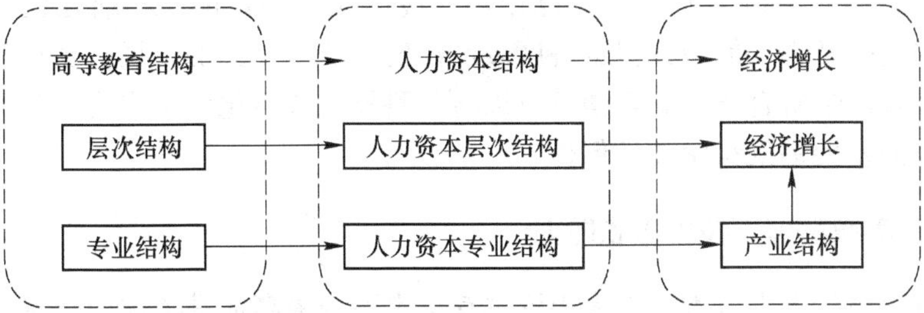

图 1-2 高等教育结构对经济增长影响的两大主要路径❶

李彬、陈钱敏以及黄大勇等学者指出，产业结构与人才需求结构存在着相互依存的关系，产业结构和技术结构变动引发人才需求结构的变动，这就要求人才的供给结构要做相应的调整。高校的人才供给结构从横向上反映的是学科专业的设置，从纵向上反映的是专业人才培养的层次，这两方面都要满足人才需求结构的变化。高等教育层次结构通过提高人力资本满足、适应、引领产业结构的转变与升级，从而促进经济增长，这也是高等教育层次结构对经济增长的主要作用路径。

人力资本结构对产业结构升级的推动作用主要体现在以下几个方面：通过不同层次人力资本推动技术进步，并对产业结构的调整产生“人”的要素作用；不同层次人力资本在产业间进行存量转移和资源重新配置促使产业结构优化升级，人力资本结构中不同层次个体所获取的收入增加势必会引起消费结构的升级，从而推动产业结构的升级。

1.2 高等教育提供创新支撑

新经济增长理论指出，知识和人力资本的积累是技术进步的两大因素。其中，知识积累的主要途径是研发活动，人力资本积累则是通过在教育、健康、训练和信息等方面的投入带来的。无论是哪一种因素，均与高等教育直接相关。

1.2.1 高等教育培养创新人才

胡永远的研究表明，技术进步、中等教育、高等教育和科技投入之间存在显著的协整关系，高等教育既是技术进步的短期原因，也是技术进步的长期原因。人力资本通过影响技术创新率和吸收新技术速度两种机制极大地影响经济增长。

高等教育培养出大量具备较高专业化知识和技能的创新型人才，这些人才所拥有的人力资本通过知识和技能对本企业和部门（“内部效应”）以及其他企业

❶ 资料来源：董小慧．高等教育层次与专业结构的经济效应分析［D］．南京：南京师范大学硕士学位论文，2012.

和部门（“溢出效应”）产生示范作用，传递知识和技能、不断地创新生产方法、成倍地提高生产能力，促进各区域经济的增长和社会的发展。通过科技的研发创新以及产学研合作，高等学校可以将其科技成果转化为生产力，从而为促进区域经济的发展提供科学技术保障。

1.2.2 高等教育提高技术吸收能力

教育提高了人力资本，而人力资本存量水平的提高促进了国内技术水平的研究、开发水平以及对国外技术的吸收消化，从而间接对经济增长产生作用。国内外研究表明，高等教育发展水平对区域创新能力具有显著的溢出效应。Anselin等人以专利总数为因变量利用知识生产函数模型进行的实证研究显示，高校的研究活动对整个区域的高技术行业有明显的知识溢出，同时发现大城市区域高校研究对创新活动溢出效应的范围超过 50 英里[1]；Acs 等人发现行业的创新地理集聚趋势越来越明显，形成这种趋势的重要影响因素之一是高校研究；吕艳等人(2010) 认为一个区域的高等教育发展水平对该区域的创新水平有显著的正效应。国内外研究还表明了高等教育发展水平对产业或企业的创新能力也具有显著的溢出效应。Fischer 等人认为高校研究活动的知识溢出对整个澳大利亚区域高技术行业知识生产能力的效应随着距离的增加而呈衰减趋势；王立平和吴玉鸣借鉴知识生产函数模型进行研究，认为区域内高等院校对于高技术产业的知识溢出是正向的、显著的；万坤扬等人运用空间计量模型研究了高校知识溢出对大中型工业企业专利申请和新产品开发这两方面创新绩效的影响。

1.3 高等教育促进消费需求

Berker 研究发现，高等学校延伸的消费以乘数效应和地区交互效应直接影响着当地的经济发展。根据《2017 年全国教育事业发展统计公报》显示，2017 年，全国各级各类学历教育在校生 2.70 亿人，接受各种非学历高等教育的学生927.37 万人（次）。教育消费毫无疑问是一个庞大的消费市场，对于经济的影响是巨大而深远的。

与此同时，高等教育还能提高民主政治意识，改变个体人生观、价值观和世界观，提高社会的思想道德水平和精神文明程度，间接促进经济社会发展。

1.4 高等教育服务区域经济社会发展的总体机制

总体而言，长期来看高等教育对经济增长的作用是通过劳动力素质和劳动生产率的提高间接实现的，其作用具有间接性、滞后性和长期性的特点。高等教育

[1] 1 英里＝1609m。

一方面通过人才培养，以一定规模的大学生就业和专项培训实现社会人力资本存量的提升，直接促进经济增长，并实现文化传承；以高校学科、层次结构和地区分布结构影响人力资源结构，进而对产业结构的推动。另一方面，人力资本存量水平提高促进了国内技术水平的研究与开发水平和对国外技术的采用，从而间接地对经济增长产生作用。

高等教育与地区经济社会发展的互动机理如图 1-3 所示。

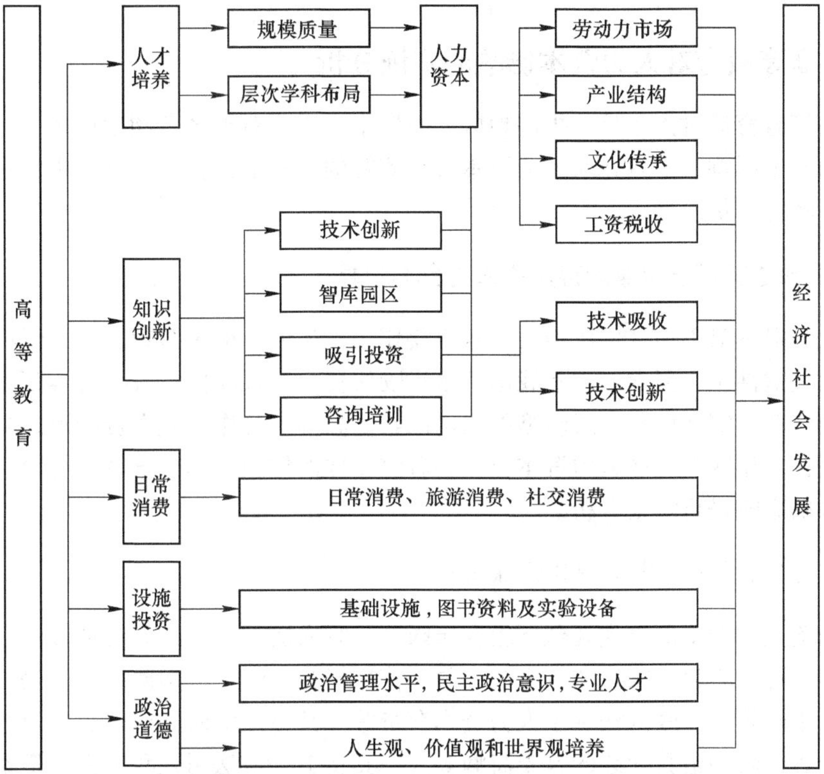

图 1-3　高等教育与地区经济社会发展的互动机理

短期来看，高等教育从消费需求、基础设施投资需求以及税收等方面对地区经济社会发展产生影响。这种影响具有直接性、即时性和短期性的特点。

与此同时，高等教育通过提高当地管理层的管理水平，地区管理的科学化、系统化程度，增强民主政治意识，为生产、管理部门输送所需人员，不断补充国家上层建筑的非物质生产部门专业人才，进而提高政治生活质量；并且，高等院校通过在人才培养过程中改变个人的人生观、价值观和世界观，提高整个社会的思想道德水平和文化素养，提高劳动者的精神文明程度。由此，本书提出高等教育学科结构与产业结构的互动机理。

2 人才培养：高等教育服务地区经济社会发展的关键

2.1 高等教育对人力资本影响的实证分析

高等教育通过人才培养提高地区人力资本，进而对地区劳动生产率、技术创新能力产生影响。本章在对人力资本进行测算的基础上，就这一过程中的各个路径进行实证分析。

2.1.1 改进的基于永续盘存法的人力资本测算

人力资本对于地区经济增长有着重要作用，是缩小地区差距、促进经济均衡发展的关键性生产要素，也是我国从依靠物质资本投入向依靠人力资本积累和技术创新转变，实现增长方式转型的决定因素。高等教育作为人力资本形成最重要的途径，对于我国地区人力资本究竟起着怎么样的作用？本部分就高等教育对人力资本的影响进行实证分析。

2.1.1.1 人力资本测算方法简介

目前人力资本测算主要包括教育年限法、收入法、生产函数法估算法以及永续盘存法等。教育年限法测算方法简单，使用最为广泛，近期研究有刘幼昕、黄维海、王萍等人；收入法基于人力资本存量等于其整个生命周期中收入流净现值展开测算，其中最具代表的是李海峥等人，其将 J-F 方法引入我国人力资本存量研究；柏培文采用生产函数法估算我国人力资本存量等；永续盘存法是基于物质资本存量的测算思路，代表性的研究包括 Kendrick、侯风云、钱雪亚、王刚等人。在这些方法中，教育年限法本质上是用某些局部特征指标来度量人力资本，忽略了教育收益及教育质量的问题，即相关度量指标未考虑教育质量、工作经验、人口迁移、工作培训等因素对个体劳动生产率的影响。收入法估算人力资本水平大多基于强假设，通过考察市场活动所产生的收入流来估算人力资本存量，忽略那些难以量化的非市场活动，并且缺乏基础数据资料，操作性相对较弱。生产函数法基于“工资等于劳动边际生产力”的假设，要求工资能够反映出人力资本水平，这一前提条件就不符合实际情况；同时，劳动者的工资受到各种因素的影响，导致测算结果波动较大，对人力资本水平的解释性较弱。永续盘存法能够通过对估算技术和关键变量的科学处理实现对人力资本的有效测算，已经逐步广泛应用。例如，钱雪亚系统论证了运用永续盘存法估算人力资本存量的合理性和可行性，形成了一套完整的人力资本存量估算体系，并估算出 1995~2005 年中国人力资本存量水平；王刚采用永续盘存法对全国，东、中、西部地区及各省区 1998~2012 年的人力资本存量水平进行测算等。

然而，遗憾的是，目前对于人力资本的测算并未考虑到劳动力流动因素。实际上，劳动力流动可能导致人力资本存量变动及相应的潜在产出“外溢与滴漏效应”冲击，改变部门间劳动力配置结构，实现经济结构转换。那么，在劳动力流动的背景下，如何有效地估算我国人力资本存量水平，具有重要的学术价值和现实意义。本书在永续盘存法的基础上，增加人口净迁移率变量，对永续盘存法进行适当的改进，从而估算出 1995~2013 年间我国人力资本存量水平，并对估算结果做出相应分析评价。

2.1.1.2 测算方法及其数据指标处理说明

永续盘存法测量人力资本存量的推导过程为：

$$H_t = \sum_{i=0}^{t} \lambda_t I_{t-i} \tag{2-1}$$

式中，H_t 为报告期人力资本存量；I_{t-i} 为此前的人力资本投资量；λ_t 为效率序列（$\lambda_0=1$，$\lambda_t \leqslant \lambda_{t-1}$）。在几何效率模式下 $\lambda_t/\lambda_{t-1}=1-\delta$，折旧率等于重置率，为常数 δ。

由式（2-1）推理可得：

$$H_t = \sum_{i=0}^{t} (1-\delta)^i I_{t-i} \tag{2-2}$$

对式（2-2）进行一阶差分可得人力资本存量计算公式：

$$H_t = I_t + (1-\delta) H_{t-1} \tag{2-3}$$

进一步地，钱雪亚指出利用永续盘存法测量我国人力资本存量时必须要考虑人力资本具有高度的人身依附性和流动性。鉴于此，在假设迁入人口与现有人口的平均受教育程度一致的前提下，可以通过增加人口净迁移率来解决上述难题。因此，为了准确测量我国各省区人力资本存量，本文在式（2-3）的基础上增加净迁移率。则人力资本存量估算公式为：

$$H_t = I_t + (1-\delta+v) H_{t-1} \tag{2-4}$$

式中，H_t 为报告期人力资本存量；I_t 为报告期人力资本投资量；δ 为人力资本折旧率；v 为净迁移率。

采用永续盘存法测量人力资本存量会由于不同学者对关键变量处理不同而导致结果存在很大差异。鉴于钱雪亚等人的设计思路及技术方法相对比较成熟和完整，本节参考其对关键变量的处理方式，并且根据相关统计年鉴的变化，对关键变量的处理方式做出相应调整。

A 初始资本存量（H_0）

假设基期（$t=0$）的资本存量是过去投资的加总，从而将投资时间序列近似表示为：$I_{(t)}=I_o\times e^{\mu t}$，其中，$I_0$ 为历史最初期的资本投资；μ 为固定值。

则初始资本存量为：

$$H_{(0)}=\int_{-\infty}^{0} I_{(t)}\,dt = I_0\times e^{\mu}/\mu \tag{2-5}$$

本节选取 2005 年各省人力资本存量作为初始资本存量，直接使用钱雪亚等（2009；2012）估算的 2005 年全国人力资本存量 35741 亿元，然后依据各省市人力资本重置存量构成比例将其分解到各省市，得到 2005 年各省市人力资本存量。

B 报告期投资（I_t）

本节借鉴教育年限法衡量人力资本水平的思想，采用各地区劳动人口变化量在平均受教育程度下的投入量来衡量报告期人力资本投资，则 t 年时人力资本投资计算公式为：

$$I_t=(L_t-L_{t-1})[\gamma_t(X_{gt}+X_{st}+X_{pt})] \tag{2-6}$$

式中，L_t为报告期劳动人口；X_{gt} 为政府教育生均支出；X_{st} 为企业及社会团体教育生均支出；X_{pt} 为居民个人支出；γ_t 为平均受教育年限。

根据中国人口、就业统计、受教育年限划分，分别对每一教育级别的教育年限进行设定：未上过学为 0 年，小学为 6 年，初中为 9 年，高中为 12 年，大专为 15 年，本科为 16 年和研究生（包括博士）为 20 年，共分为 7 级。

C 投资价格指数（P_t）

人力资本投资价格指数衡量公式为：

$$P_t=\sum_{i=1}^{3} P_{Xi}W_{Xi}/\sum_{i=1}^{3} W_{Xi} \tag{2-7}$$

式中，P_{Xi}（$i=1，2，3$）分别为居民生活消费价格总指数（CPI）、固定资产投资价格指数、教育类居民消费价格指数；W_{Xi}（$i=1，2，3$）分别为教育事业费支出统计中的常规性支出额（个人支出加上商品服务类支出）、教育事业费支出中的专门性支出额（其他资本性支出）、居民文教娱乐人均消费支出。

利用中国教育经费统计年鉴、中国统计年鉴提供的基础数据，可以估算同期各省份人力资本投资价格指数。

D 折旧率（δ）

不同的学者对折旧的处理方法存在着一定的差异。有些学者虽然考虑了折旧，但未对折旧率的衡量依据作出说明，如 Kendrick、张帆；也有部分学者给出了折旧的估算方式，如侯风云采用公式：人力资本折旧率 = 每年折旧量/折旧年数×100%，计算出人力资本折旧率为 9.98%；焦斌龙等人采用公式：人力资本折旧率=1/人力资本的平均寿命=1/(60-人力资本投入使用的平均时间) 分别计算出教育折旧率 2.27%、科研折旧率 6.67%、卫生折旧率 3.33%、培训折旧率 3.33%；王刚则利用公式：折旧率=1/(60-我国居民历年平均年龄）来估算我国人力资本折旧率。

钱雪亚基于永续盘存法的基本原理，利用资本品生命周期假说，根据几何递减效率模式确定人力资本折旧率：假设资本品在寿命期终了时的残值率为 S，资本品的寿命期为 T，则：$S=(1-\delta)^T$，从而 $\delta=1-\sqrt[T]{S}$。人力资本残值率用 65 岁以上人口比例近似代替，一般性知识和能力寿命为 42 年，专业性知识和能力寿命为 21 年，由此得出折旧率分别为 3.66%和 7.19%，然后根据 1995~2005 年一般性人力资本和专业化人力资本的投资比例结构加权平均计算出人力资本折旧率为 5.14%。鉴于钱雪亚对折旧率的处理方法相对比较合理，本节人力资本折旧率直接取 5.14%。

E 净迁移率（v）

目前国内关于劳动力流动的研究文献多集中于分析劳动力流动对经济增长、地区差距、收入差距、产业集聚、人力资本分布等方面的影响，用来度量人口迁移状况的主要指标有迁入率、迁出率、总迁移率和净迁移率等。具体来说，部分学者采用净迁移率指标来表示人口流动，其基本公式为：净迁移率=(迁入人口-迁出人口)/该时期的平均人口×100%；薛伟玲用地区省内跨区流入人口与外省流入人口之和来表示该地区流动人口；任栋选择暂住人口数量与从业人员总量的比值来测度该地区劳动力流入水平；李拓、李斌（2015）认为地区人口流动为地区年度人口净流入（流出）量占该地区常住人口的比例；吴鹏、常远则采用公式：劳动力的流动量 =（城镇工作的非城镇劳动力）+（农村工作的非农劳动力）=（城镇的就业人员 - 城镇的职工人数）+（乡村的就业人员 - 第一产业的就业人员）等。不同学者研究的侧重点不同，选择不同的指标来衡量人口流动，可能导致不同结果。在这些指标中，净迁移率反映了一定时期内某地区由人口迁移引起的总人口数量变化，直接体现地区人口迁入与迁出的相对量，能够较好地反映该地区人力资本的净增量，因此选择人口净迁移率来衡量省际人口流动较为合理。其中，净迁移率=(迁入人口-迁出人口)/该时期的平均人口×100%，利用全国分县市人口统计资料提供的基础数据，整理可得各省份人口净迁移率。

2.1.1.3 我国省际人力资本存量的测算结果及比较分析

本节使用钱雪亚等人估算的 1995~2005 年我国人力资本存量数据，然后依据各省、市、自治区、直辖市人力资本重置存量比例将其分解到各省、市、自治区、直辖市，得到 1995~2005 年间各省、市、自治区、直辖市人力资本存量。在此基础上根据《中国统计年鉴》《中国劳动统计年鉴》《中国人口与就业统计年鉴》《中国教育经费统计年鉴》全国分县市人口统计资料及各省、市、自治区、直辖市统计年鉴的基础数据，按照上述思路估算2006~2013年我国各地区人力资本存量❶，结果见表2-1。

表2-1 2006~2013年间各省、市、自治区、直辖市人力资本存量估算

（亿元）

省、市、自治区、直辖市	2006年	2007年	2008年	2009年	2010年	2011年	2012年	2013年
北京	5586.5	7547.6	10611.1	13928.0	17878.4	19587.6	21149.3	22566.8
天津	1438.5	2149.9	3503.8	4809.8	6737.7	8328.2	10227.8	12290.2
河北	1982.8	2464.5	3072.3	3749.7	6547.0	7201.8	7946.6	8710.6
山西	903.2	1092.1	1322.1	1556.9	4152.9	4339.6	4531.1	4769.7
内蒙古	794.8	957.3	1205.4	1463.4	1733.7	1909.9	2070.5	2236.0
辽宁	1929.8	2240.8	2472.9	2954.1	3617.9	3641.3	3631.0	3472.8
吉林	703.0	759.5	797.5	867.1	971.2	990.4	967.9	946.1
黑龙江	923.2	888.1	857.3	831.3	936.7	904.6	859.6	844.0
上海	5985.1	8766.9	11362.5	13860.8	17519.7	18707.2	19365.3	20264.5
江苏	3909.3	4921.4	5582.4	6579.9	7902.1	8451.5	8801.8	9130.4
浙江	3828.4	5606.0	7064.5	8903.2	14595.9	14471.1	14299.5	14513.9
安徽	505.8	584.8	837.5	872.2	4369.1	4406.9	4726.0	5705.1
福建	1651.3	2037.7	2548.8	3124.9	3688.9	4317.0	5065.4	5773.0
江西	724.1	1048.7	1491.6	2007.5	2469.5	2897.2	3112.7	3418.7
山东	2887.5	3628.5	4434.6	5406.7	7914.0	8829.4	9812.3	10894.9
河南	1399.5	1717.5	2688.7	3602.6	4971.8	5072.3	5244.6	5154.2
湖北	1134.1	1158.7	1305.8	1416.5	1502.8	2129.4	2578.8	3023.6
湖南	1098.9	1226.5	1611.8	2067.1	5358.8	5673.2	6526.2	7692.7
广东	11290.8	15582.9	21071.4	27380.1	35834.2	36048.6	37517.0	37576.5
广西	1225.9	1772.7	2455.9	3095.0	7702.2	8056.7	8549.8	9101.0
海南	324.4	427.6	556.3	718.3	768.2	928.0	1121.3	1313.7
重庆	369.3	470.2	876.8	1271.0	1779.4	2559.2	3175.0	3789.1
四川	778.3	1295.7	1418.4	2323.9	5113.0	4959.8	5391.9	6007.4
贵州	559.1	1191.1	1622.3	2501.0	3349.1	3361.4	3508.0	3756.9
云南	1056.7	1377.8	1765.2	2186.2	2641.1	3119.5	3633.3	4160.5

❶ 由于未能获取2015年《全国分县市人口统计资料》，无法计算2014年人力资本存量，故统计截止到2013年。

续表 2-1

省、市、自治区、直辖市	2006 年	2007 年	2008 年	2009 年	2010 年	2011 年	2012 年	2013 年
陕西	853.4	930.7	1055.3	1184.5	1294.6	1423.8	1630.5	1879.6
甘肃	325.2	326.9	348.6	397.3	461.3	519.5	797.9	872.2
青海	180.1	217.8	246.8	286.9	383.1	463.0	562.1	656.2
宁夏	220.2	292.1	401.6	526.7	660.0	777.6	942.7	1097.1
新疆	1049.9	1575.4	2054.1	2460.0	2844.9	3214.7	3674.2	4386.9

注：受篇幅限制，本表只列举部分年份各省、市、自治区、直辖市人力资本存量估算数据。其中，1996 年重庆市人力资本存量包含在四川省人力资本存量中。此外，本文分省、市、自治区、直辖市的数据不含西藏和港澳台地区。

与未考虑人口流动估算结果相比较，通过增加人口净迁移率这一变量估算出的省际人力资本存量普遍增加，且经济发达地区的变动率高于经济贫困地区，这与大多数学者的实证分析结果一致，即劳动力流动对人力资本存在显著的正向影响。人力资本属于一种依附于劳动力身上的无形资产，伴随着劳动力的流动，人力资本通过知识的溢出效应，影响人力资本的变动率，进而影响人力资本存量。一般来说，大城市对外来人口有较强的吸引力，高学历、高技能人才大多由经济贫穷的地区向经济发达的地区流动，这部分劳动力的流动增加了经济发达地区人力资本水平，促进了地区经济快速增长。

从表 2-2 中可以看出，省际人力资本存量差距悬殊。从 2005 年人力资本存量来看，最大的是广东省，约 6111.7 亿元，最小的是贵州省，约 110.8 亿元，两者相差约 55 倍。而从 2013 年人力资本存量来看，最大的是广东省，约 37576.5 亿元，最小的是青海省，约 656.2 亿元，两者相差约 57 倍。近年来，人力资本存量较高地区为广东、北京、上海、浙江、天津、山东等经济发达的东部地区；人力资本存量较低的地区为青海、甘肃、宁夏、黑龙江、吉林、内蒙古等经济相对落后的中西部地区，且每年各地区人力资本存量的排序相对比较稳定。由此可以说明我国人力资本区域分布较为稳定。

从全国各地区人力资本存量的增长变动看，各地区人力资本存量快速增长。与省际人力资本存量相反的是，省际人力资本存量增长最快的地区主要分布在西部地区。其中，人力资本存量增长较快的为贵州、四川、广西、重庆等省、市、自治区、直辖市，增长较慢的为黑龙江、吉林、陕西、甘肃等地区。增长最快的贵州省，2005 年其人力资本存量仅为 110.8 亿元，到 2013 年达到 3756.9 亿元，差不多是 2005 年的 34 倍，年平均增长率达到 55.34%。2005～2013 年各地区人力资本存量年平均增长率高于 40%的地区均为西部地区，分别为贵州（55.34%）、四川（51.06%）、广西（42.95%）、重庆（42.31%）。

表 2-2 各地区 GDP、人力资本存量、人均人力资本存量等要素

地区	2005 年				2013 年				
	GDP /亿元	人力资本 /亿元	人均人力资本/元	(人力资本/GDP) /%	GDP /亿元	人力资本 /亿元	人均人力资本/元	人力资本年平均增长率/%	(人力资本/GDP) /%
北京	6886.3	3752.8	40773.6	0.54	19500.6	22566.8	197780.9	25.14	1.16
天津	3697.6	836.3	19590.1	0.23	14370.2	12290.2	145024	39.93	0.86
河北	10096.1	1433.2	4133.5	0.14	28301.4	8710.6	20819.2	25.30	0.31
山西	4179.5	689.8	4672.2	0.17	12602.2	4769.7	25863.2	27.34	0.38
内蒙古	3895.6	657.6	6316.4	0.17	16832.4	2236	15878.4	16.53	0.13
辽宁	8009	1229.5	6214	0.15	27077.7	3472.8	13787	13.86	0.13
吉林	3620.3	639.8	5819.5	0.18	12981.5	946.1	6684.2	5.01	0.07
黑龙江	5511.5	932.8	5737.5	0.17	14382.9	844	4096.3	-1.24	0.06
上海	9154.2	3788.5	44263.3	0.41	21602.1	20264.5	178172.9	23.32	0.94
江苏	18305.7	2777.1	7161.7	0.15	59161.8	9130.4	19182	16.04	0.15
浙江	13437.9	1772.8	5717.3	0.13	37568.5	14513.9	39134.4	30.06	0.39
安徽	5375.1	393.2	1128.4	0.07	19038.9	5705.1	13342.5	39.70	0.30
福建	6568.9	1200.9	6427.1	0.18	21759.6	5773	22587.3	21.68	0.27
江西	4056.8	393.2	1865.7	0.10	14338.5	3418.7	13206.2	31.04	0.24
山东	18516.9	2037.2	3986.1	0.11	54684.3	10894.9	16556.6	23.32	0.20
河南	10587.4	1315.3	2322.9	0.12	32155.9	5154.2	8069.8	18.62	0.16
湖北	6520.1	947.1	3538.8	0.15	24668.5	3023.6	8189.6	15.62	0.12
湖南	6511.3	900.7	2462.1	0.14	24501.7	7692.7	19058.1	30.75	0.31
广东	22366.5	6111.7	12997.8	0.27	62164	37576.5	61422.8	25.49	0.6
广西	4075.8	521.8	1930.4	0.13	14378	9101	32713.9	42.95	0.63
海南	894.6	235.9	6245.7	0.26	3146.5	1313.7	25530.6	23.94	0.42
重庆	3070.5	225.2	1308.7	0.07	12656.7	3789.1	22507.1	42.31	0.30
四川	7385.1	221.6	481.4	0.03	26260.8	6007.4	12470.4	51.06	0.23
贵州	1979.1	110.8	500	0.06	8006.8	3756.9	20152.8	55.34	0.47
云南	3472.9	671.9	2729.9	0.19	11720.9	4160.5	14285.7	25.60	0.35
陕西	3675.7	772	4100.1	0.21	16045.2	1879.6	9133.1	11.77	0.12
甘肃	1934	321.7	2387.2	0.17	6268	872.2	5795.5	13.28	0.14
青海	543.3	132.2	4940.2	0.24	2101.1	656.2	20884.1	22.17	0.31
宁夏	606.1	128.7	4295.7	0.21	2565.1	1097.1	31229.7	30.72	0.43
新疆	2604.2	593.3	7762.7	0.23	8360.2	4386.9	40004.8	28.41	0.52

虽然经济发达的东部地区具有显著的人力资本存量及 GDP 优势，但是从人力资本存量及 GDP 增长态势看，经济相对落后的西部地区正凭借西部大开发这一历史机遇，开始重视对人力资本的投资，逐步缩小了与东中部地区之间的差距。

从省际人均人力资本存量估算结果看（表 2-2），2005 年人均人力资本存量最高的是上海市，约 44263.3 元；最低的是四川省，为 481.4 元，两者相差约 91 倍。2013 年人均人力资本存量最高的是北京市，约 197780.9 元，最低的是黑龙江省，约 4096.3 元，两者相差约 48 倍。从 2005~2013 年间各地区人均人力资本存量看，人均人力资本存量较高的地区为上海、北京、天津、广东等东部地区，人均人力资本存量较低的为黑龙江、甘肃、吉林、河南、陕西等中西部地区。

从省际人均人力资本存量的增长率来看，2005~2013 年人均人力资本存量增长最快的是贵州省，2005 年其人均人力资本存量仅为 500 元，到 2013 年达到 20152.8 元，差不多是 2005 年的 34 倍，年平均增长率达到 58.73%。2005~2013 年各地区人均人力资本存量年平均增长率高于 40% 的地区分别为贵州（58.73%）、四川（50.2%）、重庆（42.7%）、广西（42.44%）等西部地区。

可以看出，省际人力资本存量与省际人均人力资本存量两者增长率差异不大，二者几乎以相同的速度增长，这表明近年来我国省际人力资本存量的增长与人口数量的增加没有必然联系，而主要是由教育、医疗、健康、培训等其他因素推动的。

值得一提的是，不管是人力资本存量增长变动，还是人均人力资本存量增长变动，黑龙江省都为负增长。2005 年黑龙江省人力资本存量为 932.8 亿元，2013 年为 844 亿元，年平均增长率为-1.24%；2005 年黑龙江省人均人力资本存量为 5737.5 元，2013 年为 4096.3 元，年平均增长率为-4.12%。通过查询中国统计年鉴资料可以发现，2005 年黑龙江省固定资产投资总额为 487.5 亿元，2013 年达到 11453.1 亿元，年均增长率为 48.4%。由此说明，近年来黑龙江省实行的仍然是物质资本优先投入的发展方式，忽视了对人力资本的投资和积累。

为了反映近年来各地区人力资本投资效率，引入“人力资本产出比”这一概念，用人力资本/GDP 来衡量，其表示每百元 GDP 产出中人力资本的含量。

从不同省份人力资本产出比看（表 2-2），2005~2013 年各地区人力资本投资效率整体上呈现上升趋势。2005 年省际人力资本产出比超过 1/2 仅有一个，为北京（0.54），而到 2013 年则有 6 个地区人力资本产出比高于 0.5，分别为北京（1.16）、上海（0.94）、天津（0.86）、广西（0.63）、广东（0.60）、新疆（0.52）。说明近年来国家加大了对人力资本的投入力度，各地区人力资本快速增加。一方面，我国经济快速增长为人力资本的投入创造了良好条件；另一方面，人力资本对于推动我国经济增长起着重要作用。同时也应注意到，吉林、黑龙江、内蒙古、陕西及甘肃等经济相对落后的地区人力资本产出比有所下降，说明其人力资本投资效率较低。因此，应当长期坚持对欠发达地区的人力资本投入，尤其是教育、医疗卫生、健康及职业培训等方面的投入力度，千方百计地增加其人力资本积累。

2.1.1.4 东部、中部、西部地区分析比较

根据《中国统计年鉴》中的相关数据及本书估算结果，分析整理东部、中部和西部地区人力资本、GDP、人均人力资本等经济指标变动情况，结果见表2-3、表2-4。

表2-3 2005年和2013年区域GDP、人力资本存量

地区	2005年				2013年					
	GDP/亿元	占全国总量的比例/%	人力资本/亿元	占全国总量的比例/%	GDP/亿元	占全国总量的比例/%	年平均增长率/%	人力资本/亿元	占全国总量的比例/%	年平均增长率/%
东部	117933	59.70	25175.9	70.43	349336	55.52	14.54	146507.3	67.83	24.63
中部	46362	23.47	6211.9	17.38	154670	24.58	16.25	31554.1	14.61	22.53
西部	33242	16.83	4356.8	12.19	125195	19.90	18.03	37942.9	17.57	31.07

表2-4 2005年和2013年区域人均GDP和人均人力资本存量

地区	2005年				2013年					
	人均GDP/元	占东部总量的比例/%	人均人力资本/元	占东部总量的比例/%	人均GDP/元	占东部总量的比例/%	年平均增长率/%	人均人力资本/元	占东部总量的比例/%	年平均增长率/%
东部	23147	1.00	4941.4	1.00	62149	1.00	13.14	26064	1.00	23.10
中部	11107	47.99	1488.3	30.12	36247	58.32	15.93	7394.7	28.37	22.19
西部	9327	40.30	1222.5	24.74	34465	55.46	17.75	10445	40.07	30.76

注：受篇幅限制，表2-3和表2-4只列举了东部、中部及西部2005年和2013年各要素比较情况。

（1）从区域经济水平看，2005~2013年，东部、中部和西部地区GDP、人均GDP指标年平均增幅均在13%以上。2005年东、中、西部地区GDP占全国GDP的比例分别为59.70%、23.47%、16.83%，到2013年变为55.52%、24.58%、19.90%；2005年中、西部地区人均GDP占东部地区人均GDP的比例分别为47.99%、40.30%，到2013年变为58.32%、55.46%。由此说明，中部和西部地区经济基础比较薄弱，与东部地区仍然存在较大差距，但是随着西部大开发和中部崛起战略的实施，近年来中部和西部地区GDP、人均GDP快速增长，

与东部地区的差距在逐渐缩小。

（2）从区域人力资本存量增长变动看，2005~2013 年，东、中、西部地区人力资本存量、人均人力资本存量指标年平均增幅均在 20% 以上，西部地区甚至达到 30%以上。其中，2005 年东、中、西部地区人力资本存量占全国总量的比例分别为 70.43%、17.38%、12.19%，2013 年变为 67.83%、14.61%、17.57%；2005 年中、西部地区人均人力资本存量占东部地区人均人力资本存量的比例分别为 30.12%、24.74%，2013 年变为 28.37%、40.07%。说明近年来西部大开发作用凸显，西部地区比较重视对人力资本的投资，逐步缩小了与东中部地区的差距。

（3）从区域人力资本/GDP 看（表 2-5），近年来，东、中、西部地区人力资本/GDP 比例始终保持相同趋势，呈倒 U 形，即先上升后下降。说明东部、中部及西部地区前期较为重视人力资本的投入力度，人力资本投资效率较高，后来，人力资本投资效率有所下降。其中，东部地区人力资本产出比一直高于中西部地区，说明东部地区较为重视人力资本的积累，中西部地区人力资本发展滞后。

表 2-5 区域人力资本存量、GDP 占全国比重及其人力资本产出比

地区		2005 年	2006 年	2007 年	2008 年	2009 年	2010 年	2011 年	2012 年	2013 年
占全国人力资本总量的比例/%	东部	70.43	73.38	74.57	74.79	74.73	70.01	69.68	68.98	67.83
	中部	17.38	13.29	11.41	11.29	10.81	14.08	14.10	14.17	14.61
	西部	12.19	13.33	14.02	13.92	14.47	15.91	16.21	16.85	17.57
占全国 GDP 的比例/%	东部	59.70	59.75	59.35	58.45	58.09	57.38	56.37	55.70	55.52
	中部	23.47	23.22	23.39	23.84	23.67	24.09	24.50	24.64	24.58
	西部	16.83	17.03	17.26	17.70	18.24	18.53	19.13	19.66	19.90
（人力资本/GDP）/%	东部	21.35	29.67	33.89	37.84	43.14	49.11	44.45	43.32	41.94
	中部	13.40	13.83	13.16	14.00	15.31	23.52	20.70	20.12	20.40
	西部	13.11	18.91	21.90	23.25	26.60	34.56	30.48	29.98	30.31

值得注意的是（表 2-5），2005~2013 年，东、中、西部地区 GDP 及人力资本存量占全国总量的比例变化较小，东、中、西部地区之间的这种持续稳定差异，预示着要缩小东、中、西部地区在经济水平上的差距，任务还将十分艰巨。

总体来看，近年来，我国省际各要素（GDP、人力资本存量、人均人力资本存量）总量差距悬殊，表现为东部地区较高，中西部地区较低。而与省际各要素总量水平差异不同的是，省际各要素（GDP、人力资本存量、人均人力资本存量）增长变动则表现为西部地区增长较快，东中部地区增长较慢。

从人力资本存量产出比看，2005~2013 年，东、中、西部地区人力资本产出比均呈现上升趋势，且历年东部地区的人力资本产出比远高于中部和西部地区。说明东部地区人力资本对经济增长的作用远高于中西部地区，中西部地区人力资本的发展相对滞后。

2.1.2 高等教育对人力资本的影响：以高校毕业生为例

在对各地区人力资本存量测算的基础上进一步分析高等教育培养的人才会对当地人力资本水平产生何种程度的影响。对各地区高校毕业生与人力资本存量的相关性进行了分析。具体处理上，对 2006~2013 年地区高校毕业生人数和人力资本存量数据进行一阶差分，以消除不随时间变化的地区差异，取对数后进行稳健性回归，回归结果见表 2-6。

表 2-6 高校毕业生规模与人力资本面板数据模型回归结果（2006~2013 年）

变量	总体	东部地区	中部地区	西部地区	非东部地区❶
毕业生规模	0.808③ (0.000)	1.042③ (0.000)	0.729③ (0.005)	0.464③ (0.000)	0.481③ (0.000)
毕业生规模一阶滞后	-0.067 (0.323)	0.509③ (0.000)	760③ (0.003)	0.165 (0.196)	0.029 (0.752)
_cons	-0.910③ (0.356)	-9.64③ (0.000)	-10.89③ (0.062)	0.073 (0.944)	1.373① (0.075)
obs	232	80	40	88	152
Prob > F	0.0000	0.0000	0.0000	0.0000	0.0000
R-sq：within	0.3710	0.6252	0.2702	0.4384	0.3845
between	0.9751	0.9911	0.8536	0.9901	0.9667
overall	0.3841	0.666	0.6383	0.4352	0.3786

注：1. 根据中华人民共和国国家统计局东西中部和东北地区划分方法，东北地区包括辽宁省、吉林省、黑龙江省，东部地区包括北京市、天津市、河北省、上海市、江苏省、浙江省、福建省、山东省、广东省、海南省，中部地区包括山西省、安徽省、江西省、河南省、湖北省、湖南省，西部地区包括内蒙古自治区、广西壮族自治区、重庆市、四川省、贵州省、云南省、西藏自治区、陕西省、甘肃省、青海省、宁夏回族自治区、新疆维吾尔自治区。

2. ①、②、③分别表示在 1%、5%和 10%的水平上显著，此表中无 5%的显著性水平。

不难发现，2006~2013 年，我国高校毕业生与地区人力资本存量回归系数为 0.808，且通过 1%的显著性水平检验；但滞后 1 期的影响不显著。这说明，高校毕业生促进了当期地区人力资本水平的提高。

进一步地，分别对东、中、西部高校毕业生规模对地区人力资本存量的影响

❶ 因为东北地区样本量太小，故未单独列出。

进行了分析。固定效应面板模型的回归结果表明，高校毕业生规模对地区人力资本存量的影响按照东部、中部、西部的顺序依次递减。

由于无论是人力资本还是高校毕业生规模均没有考虑毕业生质量，因此，递减的贡献率可能意味着中西部地区高等教育人才的流出。由此，我们进一步对高校毕业生规模与地区城镇单位就业人数进行了分析。

面板数据模型回归结果（表 2-7）证实了上述判断。高校毕业生规模对地区城镇单位就业人数的贡献也按照东部、中部、西部的顺序依次递减。意味着，中西部地区高等教育人才在当地就业比例相对偏低。中西部欠发达地区高校毕业生流出制约了高等教育对地区人力资本的贡献。

表 2-7　高校毕业生规模与城镇单位就业人数面板数据模型回归结果（2006~2013 年）

变量	总体	东部地区	中部地区	西部地区	非东部地区
毕业生规模	0. 808③ (0. 000)	0. 831③ (0. 000)	0. 731③ (0. 000)	0. 638③ (0. 000)	0. 713③ (0. 000)
毕业生规模一阶滞后	-0. 067 (0. 323)	0. 024 (0. 427)	-0. 178① (0. 059)	-0. 003 (0. 923)	0. 023 (0. 473)
_cons	-0. 910③ (0. 356)	-3. 781③ (0. 000)	-0. 004 (0. 998)	-1. 281③ (0. 000)	-2. 371③ (0. 000)
obs	232	80	40	88	152
Prob > F	0. 0000	0. 0000	0. 0000	0. 0000	0. 0000
R-sq：within	0. 3710	0. 8844	0. 8711	0. 9099	0. 9150
between	0. 9751	0. 8583	0. 8501	0. 8898	0. 8757
overall	0. 3841	0. 8691	0. 8512	0. 9045	0. 9058

注：①、②、③同表 2-6。

2. 2　人力资本对地区创新能力和经济增长影响的实证分析

2. 2. 1　人力资本对创新能力影响的实证分析

将创新能力活动看作一项知识的生产活动，根据 C-D 生产函数有：

$$Y = AK^{\alpha}L^{(1-\alpha)}$$

式中，K 和 L 分别代表研发活动的资金和人员投入；α 和（$1-\alpha$）分别代表研发活动资本和劳动力的产出弹性；Y 为研发活动的产出。

参照鲁钊阳、廖杉杉（2012）的做法，假设政策、制度因素等不变或其对区域创新能力的影响忽略不计，将人力资本水平作为影响技术进步的主要因素。对上式进行对数变换，则有：

$$\ln Innova_{it} = \alpha_i + \alpha_1 HR_{it} + \alpha_2 RD_{\text{people}_{it}} + \alpha_3 RD_{\exp_{it}} + \varepsilon_{it}$$

式中，*Innova* 代表创新能力；RD_{people}、RD_{exp}、*HR* 分别代表创新人才投入、*R&D* 经费投入以及地区人力资本；ε 为随机误差项。

2.2.1.1 变量选取与数据来源

（1）创新能力。采用专利受理数量衡量创新能力是一个比较通用的做法（Faber，Hesen，2004；Furman，Porter，Stern，2002 等）。本书采用每 *R&D* 人员全时当量拥有专利受理数作为衡量创新能力的指标。

（2）*R&D* 经费投入。采用 *R&D* 经费内部支出来衡量。

（3）创新人才数量。用 *R&D* 人员全时当量衡量创新人才数量。

（4）人力资本。利用本书 3.2.1 基于永续盘存法的人力资本测算结果。

数据集为 2006~2013 年省级面板数据，数据来源为历年《中国科技统计年鉴》《中国固定资产统计年鉴》《中国统计年鉴》等。

2.2.1.2 实证分析结果

对变量取对数后，利用面板数据固定效应模型的回归结果见表 2-8。

表 2-8 人力资本与地区创新能力：省级面板数据估计结果

变量	总体	东部地区	中部地区	西部地区	非东部地区
人才投入数量	-0.254 (0.106)	-0.860③ (0.000)	-0.214 (0.719)	-0.378 (0.127)	-0.126 (0.472)
经费投入	0.537② (0.026)	1.812③ (0.000)	0.788① (0.071)	1.206③ (0.000)	0.759③ (0.000)
经费投入一阶滞后	0.474② (0.017)				
人力资本	0.242③ (0.002)	-0.144 (0.391)	0.428 (0.193)	0.2090 (0.110)	0.368③ (0.000)
_cons	-3.599③ (0.356)	-5.199③ (0.000)	-0.004 (0.998)	-4.726③ (0.000)	-2.538③ (0.007)
obs	203	77	48	83	155
Prob > F	0.0000	0.0000	0.0000	0.0000	0.0000
R-sq：within	0.8471	0.8851	0.8500	0.8676	0.8504
between	0.9291	0.8821	0.8896	0.9601	0.9240
overall	0.9180	0.8817	0.8857	0.9416	0.9160

注：①、②、③同表 2-6。

总体来看，当期经费投入和滞后一期经费投入对地区创新能力（专利受理数量）的影响最大，分别达到 0.537 和 0.474，并且均通过 5%显著性水平检验；其次是地区人力资本存量，回归系数为 0.242，且在 1%的水平下显著。这意味着，其他因素不变时，地区人力资本存量提高 1%，地区创新能力将提高 0.2%。创新人才的数量（用 *R&D* 人员全时当量衡量）对地区创新有负向影响，但并不显著。

进一步的分地区回归结果显示，东部地区、非东部地区人才投入数量与地区创新能力呈现负相关关系，而当期经费投入的回归系数高达 1.812，并且在 1%的水平下显著。这说明东部地区当前 *R&D* 人员全时当量投入过量，对创新能力造成了伤害，经费投入是提升地区创新能力最为关键的变量，而人力资本存量的影响并不显著。

对于非东部地区（东北地区、中部地区、西部地区），经费投入依然对地区创新能力的影响最大，系数虽然达到 0.759，但与东部地区相比影响略低；而人力资本存量对非东部地区创新能力对影响则显著高于东部地区，系数达到 0.368。这就意味着，非东部地区人力资本存量每提高 1 个百分点，地区创新能力将提高 0.368 个百分点。

总体来看，要提高地区创新能力，东部地区需要加大 *R&D* 经费投入，而非东部地区不仅需要提高 *R&D* 经费投入，还应该在地区人力资本存量的提升上下功夫。

2.2.2　人力资本对地区经济增长的影响

2.2.2.1　模型构建

基于 C-D 生产函数模型，以人力资本存量、物质资本存量及就业人员数量为控制变量构建计量模型探究人力资本和物质资本等要素对经济增长贡献的区域差异性，基本模型为：

$$Y_{(t)} = A_t K_t^{\alpha} L_t^{\beta} H_t^{\gamma}$$

对上式两边取对数可得

$$\ln Y_{(it)} = \ln A_{it} + \alpha \ln K_{it} + \beta \ln L_{it} + \gamma \ln H_{it}$$

由上式得到本文需要的基本模型：

$$y_{it} = \ln Y_{(it)} = \ln A_{it} + \alpha \ln K_{it} + \beta \ln L_{it} + \gamma \ln H_{it} + a_i + \mu_{it}$$

式中，i 表示省份（$i=1, 2, \cdots, N$）；t 表示时间（$t=1, 2, 3, \cdots, T$）；$Y_{(it)}$ 为第 t 年各地区 GDP；K_{it}、L_{it}、H_{it} 分别表示第 t 年各地区的物质资本存量、劳动力存量（就业人员数量）和人力资本存量；A_{it} 为第 t 年的技术进步水平；α、β、γ 分别为物质资本存量、就业人员数量和人力资本存量的产出弹性；a_i 表示影响

着 y_{it} 但又不随着时间变化的所有无法观测的因素；μ_{it} 为误差项。

为了明确物质资本存量、就业人员数量和人力资本存量等要素投入对经济增长的贡献率，引入增长速度方程，利用增长速度方程进行因素分析，从各经济变量相对变化的角度来观察经济增长要素贡献率。基本计算公式为：

$$要素贡献率 = \frac{要素年均增长率 \times 要素的产出弹性}{GDP\ 年均增长率} \times 100\%$$

要素年均增长率 $$x = \sqrt[n]{\frac{y_n}{y_0}} - 1$$

式中，y_n 为某要素报告期绝对数；y_0 为某要素基期绝对数；n 为期数。

2.2.2.2 数据来源及方法选择

本节运用 Stata11.1 软件，选取 2005~2013 年中国 30 个地区（不包括西藏和香港、澳门、台湾地区）的数据为样本建立面板模型。其中，模型中各地区物质资本存量和人力资本存量直接使用本书估算的结果，各地区生产总值 GDP（利用各地区 GDP 指数进行不变价调整）和就业人员数量可以从官方公布的中国统计年鉴中获得。

2.2.2.3 实证分析结果

通过 F 检验和 BP 检验说明面板数据的固定效应和随机效应都非常显著，进行 Hausman 检验结果表明应该采用固定效应模型。由于面板数据存在序列相关性和异方差性，使用 FGLS 对序列相关和截面异方差进行修正，全国及东西部面板数据回归结果见表 2-9。

A 全国实证分析

根据回归结果（表 2-9）可以看出，全国面板数据中总体 R^2 为 0.9480，说明样本总体的拟合优度非常好。ln$K$、ln$L$、ln$H$ 变量均在 1%的显著性水平下显著。物质资本存量（ln$K$）、就业人员数量（ln$L$）和人力资本存量（ln$H$）对我国经济增长产生不同程度的影响。

具体而言，物质资本存量对经济增长的弹性系数为 0.558，即物质资本每提高一个百分点，经济增长提高 0.558%；劳动力存量对经济增长的弹性系数为 0.289，即劳动力每增长一个百分点，经济增长提高了 0.289%；人力资本存量对经济增长的弹性系数为 0.131，即人力资本每提高 1%，经济增长提高 0.131%。结果表明，物质资本仍然是推动我国经济增长的主要驱动力，其对经济增长的作用远大于人力资本对经济增长的作用。同时也说明我国人力资本对经济增长的作用十分有限，未来有很大提升空间。

表 2-9 面板数据统计分析结果

变量	全国	东部地区	西部地区
	FGLS		
lnGDP	系数（Coef.）		
ln$K$	0.5584③	0.4604③	0.6579③
ln$L$	0.28944③	0.3013③	0.2858③
ln$H$	0.1311③	0.2326③	0.0493③
_cons	0.4362②	0.6926③	-0.1071②
R^2	overall = 0.9480	overall = 0.9802	overall = 0.9766
F 检验	F(29, 237) = 55.49; Prob >F= 0.0000	F(10, 85) = 26.01; Prob >F=0.0000	F(10, 85) = 14.36; Prob >F=0.0000
BP 检验	chi2 (1) = 435.55; Prob > chi2 = 0.0000	chi2 (1) = 104.10; Prob > chi2 = 0.0000	chi2 (1) = 71.16; Prob > chi2 = 0.0000
Hausman 检验	Prob > chi2=0.0000	Prob > chi2 = 0.0011	Prob > chi2 = 0.0000
Xtserial	F(1, 29) = 74.590; Prob >F= 0.0000	F(1, 10) = 37.267; Prob >F=0.0001	F(1, 10) = 26.111; Prob >F= 0.0005
Xttest3	chi2 (30) = 10106.58; Prob > chi2 = 0.0000	chi2 (11) = 1854.90; Prob > chi2 = 0.0000	chi2 (11) = 237.18; Prob > chi2 = 0.0000

注：本表为作者根据 stata 结果整理得到。其中，①、②、③同表 2-6。FGLS 代表使用 FGLS 进行修正的回归结果，Xtserial 代表序列相关检验，Xttest3 代表截面异方差检验。

B 东西部地区比较分析

根据回归结果（表 2-9）可以看出，东西部面板数据中总体 R^2 分别为 0.9802 和 0.9766，说明样本总体的拟合优度都非常好。东部和西部 ln$K$、ln$L$、ln$H$ 变量的系数符号均为正，且数值有较大差异，表明物质资本、就业人员数量和人力资本等要素对东西部经济增长有着重要的作用，但各要素对经济增长的贡献率存在区域差异。从 FGLS 修正的回归结果看，物质资本存量对东西部地区经济增长的贡献最大，其对东西部经济增长的弹性系数达到 0.4604 和 0.6579；就业人员数量对经济增长的弹性系数分别为 0.3013 和 0.2857；而东西部地区人力资本存量对经济增长的弹性系数均较小，分别为 0.2326 和 0.0493。由此可以看出，西部地区经济增长主要依赖于物质资本，人力资本发展相对滞后，人力资本的使用效率还有较大的提升空间。

2.2.2.4 不同地区各要素对经济增长的贡献率比较分析

根据公式和表 2-9 中回归结果可以得出各要素投入对经济增长的贡献率，见表 2-10。

表 2-10 不同地区 2005~2013 年物质资本、人力资本等要素对经济增长的贡献率

区域	GDP 年均增长率/%	变 量	就业人员	物质资本	人力资本
全国	15.58	产出弹性	0.29	0.56	0.13
		要素年均增长率/%	2.28	22.63	25.22
		要素贡献份额/%	4.24	81.34	21.04
东部地区	14.54	产出弹性	0.30	0.46	0.23
		要素年均增长率/%	1.24	19.45	24.63
		要素贡献份额/%	2.57	61.53	39.47
西部地区	18.03	产出弹性	0.29	0.66	0.05
		要素年均增长率/%	0.24	25.8	31.07
		要素贡献份额/%	0.39	94.44	8.62

通过分析可知：

(1) 劳动力、物质资本及人力资本等要素对经济增长的贡献率存在明显的区域差异。

首先，从总体来看，全国、东部及西部地区各要素对经济增长的贡献率排序为物质资本>人力资本>就业人员数量。其中，物质资本对经济增长的贡献率远高于其他要素对经济增长的贡献率，且西部地区表现得尤为明显；其次，从区域比较来看，西部地区物质资本对经济增长的贡献率远高于东部地区，与此相反的是，东部地区人力资本和就业人员数量对经济增长的贡献率远高于西部地区，表明近年来，随着西部大开发战略的实施，西部地区物质资本投资得到了大幅度增加，推动西部地区经济快速增长。而东部地区由于具有区域、政策、人才引进以及经济发展水平等方面的优势，人力资本对东部地区经济增长发挥着重要作用。

(2) 各地区物质资本贡献份额远高于人力资本贡献份额，人力资本对经济增长的作用有待进一步提升。

从全国层面看，人力资本贡献份额为 21.04%，远低于同时期物质资本 81.34%的贡献份额。从区域层面看，东西部地区物质资本贡献份额分别为 61.53%和 94.44%，而人力资本贡献份额则为 39.47%和 8.62%。由此可以看出，我国人力资本对经济增长的贡献率远低于物质资本，人力资本投资收益仍未提升到较高水平，单纯依靠物质资本来推动经济增长的做法将日益暴露出其内在动力的不足。此外，西部地区人力资本贡献份额远低于东部地区人力资本贡献份额，说明西部地区人力资本发展滞后，较低的人力资本贡献率越来越成为西部地区经济发展的障碍。

(3) 一般劳动力对于我国经济增长的贡献率十分有限，与其产出弹性不协调。

一般劳动力对全国、东部及西部地区经济增长的产出弹性分别为0.29、0.30和0.29，大于人力资本的产出弹性。但是，全国、东部及西部地区一般劳动力对经济增长的贡献率却只有4.24%、2.57%和0.39%，远低于人力资本和物质资本对经济增长的贡献率。说明一般劳动力还没有充分发挥其对经济增长的重要作用。因此，应加大对一般劳动力职业技术培训，增加职业技术教育投资，提高一般劳动力对经济增长的贡献份额，从而缩小东西部地区差异，促进人均收入公平分配。

总体来看，人力资本和物资资本都会对经济增长产生正向的影响，但物质资本仍然是推动我国经济增长的主要因素，人力资本及一般劳动力要素对经济增长的贡献率十分有限，并且东部地区人力资本对经济增长的作用远高于西部地区，东部地区人力资本的作用逐渐凸显，西部地区人力资本的发展相对滞后。

2.3 人力资本-产业匹配度对地区经济增长的影响

人才资源是第一资源，人才通过高人力资本存量决定地区技术创新能力以及影响技术追赶和技术扩散速度影响地区全要素生产率增长。然而，Bils 和 Klenow、Pritchett 等学者的研究却表明，人才的集聚并不必然获得经济增长。我国西安、成都、兰州等地区人才富集与经济发展滞后并存的现实也充分支持了上述观点。这其中的原因何在？Castello、Domenech 指出，经济增长不仅取决于人力资本存量、质量，人力资本结构会通过影响资源分配的效率（主要是投资率）显著影响经济增长率。Birdsall、Londono 以43个国家为样本的实证研究发现，人力资本结构与经济增长之间具有显著的负相关关系。郭继强、陈运平等通过分析指出，区域经济增长取决于区域人力资本结构是否协调，发展中国家在不断加大人力资本投资的同时，更应该注重增强其人力资本对多元化的产业结构、物质资本投资与技术水平的适应性，以“扬长避短”，从而促进经济持续快速协调发展。而人力资本与经济结构匹配在形式上表现为作为人力资本载体的人才与经济结构的匹配。

由此可见，要实现我国经济社会的振兴发展，人才集聚是前提，人才结构与经济结构相适配是关键。那么，我国人才结构与产业发展是否匹配，人才产业匹配度又会怎么样影响我国经济社会的发展，如何实现两者的协调？对于这些问题不但应该而且必须深入研究。从已有文献来看，学者们已认同人才结构与产业结构匹配的重要性，但多数研究聚焦于对区域人才结构与经济结构耦合适配程度进行测算，对人才产业匹配度与地区经济发展关系的机理分析和实证研究鲜有所见。

本节以制造业四位编码行业为例，在测算制造业人才结构与产业结构匹配度的基础上，通过建立计量模型，实证分析人才产业匹配度对地区竞争力的影响，并提出相关对策建议。

2.3.1 制造业人才结构与产业结构匹配度的测算

本节按照学历、技术职称以及技术等级分组，通过 2004 年和 2008 年人才-产值结构偏差系数，考察我国制造业四位编码行业的人才-产值结构匹配度❶。数据来源于《中国经济普查年鉴》(2004 年、2008 年)。计算结果见表 2-11。

表 2-11 制造业各行业不同类型人才结构与产值结构偏差系数和偏离度（2008 年）

行业编码	按技术职称分组					按技术等级分组				按学历分组			
	偏差系数				总偏离度	偏差系数			总偏离度	偏差系数			总偏离度
	高级技师	技师	高级工	中级工		高级技术职称	中级技术职称	低级技术职称		研究生及以上	大学	大专	
1300	-0.47	-0.42	-0.55	-0.41	6.26	-0.49	-0.38	-0.28	10.1	-0.44	-0.46	-0.32	6.73
1400	0.25	-0.01	-0.33	-0.16	0.46	-0.06	0.08	0.12	1.32	0.1	0.21	0.35	1.17
1500	0.35	0.28	-0.22	0.05	0.85	0.07	0.21	0.31	1.29	-0.06	0.16	0.38	0.86
1600	-0.84	-0.55	0.16	-0.16	1.79	-0.88	-0.52	-0.48	1.62	-0.59	-0.52	-0.58	1.6
1700	1.47	-0.07	-0.27	0.11	2.75	-0.26	-0.16	0.13	9.45	-0.42	-0.37	-0.02	3.98
1800	-0.06	0.19	-0.02	0.51	1.58	-0.16	-0.03	0.51	1.78	-0.13	0.08	0.55	1.73
1900	-0.19	-0.09	-0.26	0.12	1.09	-0.42	-0.3	0.08	0.9	1.69	-0.23	0.23	2.95
2000	-0.17	0.07	-0.16	0.13	0.84	-0.27	0.15	0.24	0.69	-0.36	-0.33	0.05	0.94
2100	0.18	0.28	0	0.25	0.39	-0.05	0.11	0.33	0.56	-0.35	0.04	0.39	0.62
2200	-0.29	-0.22	-0.38	-0.11	1.1	-0.33	-0.25	-0.02	1.82	-0.55	-0.28	-0.02	1.55
2300	0.72	1.01	1.08	0.92	1.66	0.64	0.83	0.71	2.84	0.12	0.63	1.2	1.48
2400	0.15	0.25	-0.2	0.17	0.31	0.07	0.07	0.38	0.46	0.2	0.23	0.58	0.61
2500	-0.61	-0.65	-0.14	-0.59	8.75	-0.53	-0.6	-0.7	9.52	-0.77	-0.64	-0.69	10.07
2600	-0.14	-0.07	0.15	-0.01	1.08	0.06	0.07	0.02	2.81	-0.11	-0.03	-0.05	1.42
2700	0.43	0.48	0.32	0.24	5.02	0.92	1.02	1.02	2.5	1.62	1.45	0.85	6.68
2800	-0.58	-0.47	-0.28	-0.34	1.18	-0.51	-0.36	-0.52	1.42	0.56	-0.49	-0.28	1.14
2900	-0.02	-0.04	-0.2	0.19	0.24	-0.1	-0.1	-0.04	0.43	-0.41	-0.12	0.11	0.63
3000	0.04	0.11	-0.37	-0.16	0.55	-0.13	0	0.09	1.68	-0.22	-0.01	0.23	1.16
3100	0	0.21	-0.02	0.29	3.68	0.08	0.23	0.38	2.8	-0.13	-0.17	0.15	2.4

❶ 目前公开统计年鉴中，只有《中国经济普查年鉴》对分行业学历、技术职称以及技术等级分组进行了统计。鉴于未获得 2012 年《中国经济普查年鉴》，本节仅对选取 2004 年和 2008 年年鉴资料进行分析。

续表 2-11

行业编码	按技术职称分组					按技术等级分组				按学历分组			
	偏差系数				总偏离度	偏差系数			总偏离度	偏差系数			总偏离度
	高级技师	技师	高级工	中级工		高级技术职称	中级技术职称	低级技术职称		研究生及以上	大学	大专	
3200	-0.68	-0.45	0.12	-0.22	14.21	-0.47	-0.48	-0.54	13.9	-0.59	-0.57	-0.57	16.46
3300	-0.17	-0.36	-0.17	-0.42	5.12	-0.32	-0.36	-0.46	5.03	-0.47	-0.5	-0.47	6.48
3400	0.17	0.24	-0.07	0.1	2.19	0.16	0.22	0.22	2.17	-0.16	0.03	0.24	1.58
3500	0.6	0.77	0.61	0.68	10.7	0.74	0.6	0.49	15.7	0	0.37	0.38	4.44
3600	1.19	1.37	1.52	1.05	11.2	1.44	1.17	0.7	17.3	0.95	1.09	0.78	9.56
3700	0.02	0.28	0.57	0.45	5.81	0.4	0.27	0.13	9.72	0.43	0.28	0.06	5.63
3900	-0.05	-0.06	-0.29	-0.18	0.65	0.08	-0.01	0	3.94	0.02	0.22	0.08	2.14
4000	-0.28	-0.34	-0.57	-0.55	7.32	-0.21	-0.27	-0.3	16.2	0.8	0.36	-0.13	12.17
4100	0.96	0.63	0.4	0.22	3.9	1.6	1.13	0.72	2.5	1.62	1.58	0.78	4.49
4200	0.15	0.25	0.07	0.25	0.42	0.07	0.11	0.23	0.75	-0.06	0.12	0.44	0.64

注：由于篇幅限制，未列 2004 年偏差系数表。行业编码具体如下：1300：农副食品加工业；1400：食品制造业；1500：饮料制造业；1600：烟草制品业；1700：纺织业；1800：纺织服装鞋帽制造业；1900：皮革、毛皮、羽毛（绒）及其制品业；2000：木材加工及木、竹、藤、棕、草制品业；2100：家具制造业；2200：造纸及纸制品业；2300：印刷业和记录媒介复制；2400：文教体育用品制造业；2500：石油加工、炼焦及核燃料加工业；2600：化学原料及化学制品制造业；2700：医药制造业；2800：化学纤维制造业；2900：橡胶制品业；3000：塑料制品业；3100：非金属矿物制品业；3200：黑色金属冶炼及压延加工业；3300：有色金属冶炼及压延加工业；3400：金属制品业；3500：通用设备制造业；3600：专用设备制造业；3700：交通运输设备制造业；3900：电气机械及器材制造业；4000：通信设备计算机及其他电子设备制造业；4100：仪器仪表及文化、办公用机械制造业；4200：工艺品及其他制造业。下同。

2008 年，印刷业和记录媒介的复制，医药制造业，通用设备制造业，专用设备制造业，交通运输设备制造业以及仪器仪表及文化、办公用机械制造业等行业各类人才的结构偏差系数都较高，说明这些行业的人才密集度过高，人才的效用未能得到充分发挥。而农副食品加工业，造纸及纸制品业，石油加工、炼焦及核燃料加工业，化学纤维制造业，黑色金属冶炼及压延加工业，有色金属冶炼及压延加工业以及废弃资源和废旧材料回收加工业等行业各类人才的结构偏差系始终为负，人才密集度过低。

总体来看，我国制造业人才结构与产值结构并不协调，但行业差异显著。采用分层聚类分析方法，利用 SPSS 统计工具，对制造业各行业不同类型人才和产值偏差系数进行实证分析。结果如图 2-1 所示。

根据分层聚类分析结果，本节把制造业 30 个行业分为三类，见表 2-12。

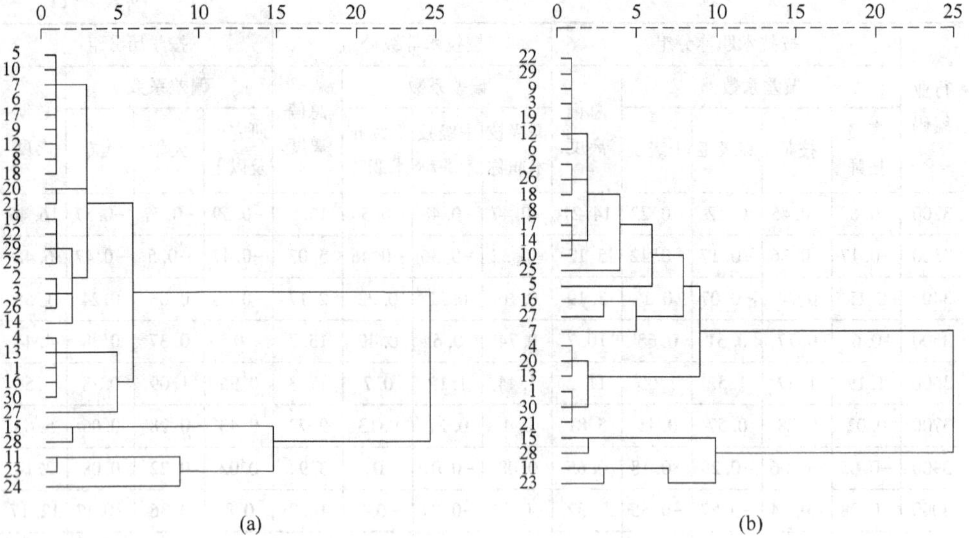

图 2-1 人才结构与产值结构偏差系数层次聚类结果树状图

（a）2004 年；（b）2008 年

（1 为农副食品加工业，按照表 2-11 行业顺序以此类推，30 为废弃资源和废旧材料回收加工业）

表 2-12 人才结构与产值结构偏差系数层次聚类结果及政策建议

类型及特征	行　业	政策建议
第一类：偏差系数均为负；绝对值大	农副食品加工业；烟草制品业；石油加工、炼焦及核燃料加工业；化学纤维制造业；废弃资源和废旧材料回收加工业；黑色金属冶炼及压延加工业；有色金属冶炼及压延加工业	人才紧缺，加速流入
第二类：偏差系数均为正，绝对值大	印刷业和记录媒介的复制；通用设备制造业；医药制造业；仪器仪表及文化、办公用机械制造业	人才富裕，加速流出
第三类：偏差系数绝对值不大，不同类型人才偏差系数差异明显	纺织业；纺织服装、鞋、帽制造业；皮革、毛皮、羽毛（绒）及其制品业；木材加工及木、竹、藤、棕、草制品业；家具制造业；造纸及纸制品业；文教体育用品制造业；橡胶制品业；塑料制品业；食品制造业；饮料制造业；化学原料及化学制品制造业；非金属矿物制品业；金属制品业；交通运输设备制造业；电气机械及器材制造业；工艺品及其他制造业	较为合理，调整各类人才比例结构

第一类行业包括农副食品加工业，烟草制品业以及石油加工、炼焦及核燃料加工业等，其特征是人才结构与产值结构偏差系数均为负，且绝对值大，这意味着这些行业各类人才的密集度均较低，应该加大培养引进力度。

第二类行业包括印刷业和记录媒介的复制、通用设备制造业以及医药制造业等，这些行业的特征是人才结构与产值结构偏差系数均为正，且绝对值大，各类人才的密集度均较高，人才效用没有得到充分发挥，应该加速流出。

第三类行业包括纺织业、纺织服装、鞋、帽制造业以及皮革、毛皮、羽毛（绒）及其制品业等，这些行业人才结构与产值结构偏差系数绝对值不大，但是不同类型人才的偏差系数差异明显，应该侧重于结构调整。

2.3.2 人才结构匹配度对劳动生产率的影响

Mankiw、Romer、Weil 将索洛增长模型扩展为包括人力资本、物质资本在内的理论和实证框架（以下简称 MRW 框架）。在 MRW 框架下，本节加入人才结构与产业结构匹配度变量，以体现其对经济增长的影响。假设生产函数为规模报酬不变的柯布-道格拉斯函数形式，则：

$$Y(t)=K(t)^{\alpha}(M(t)H(t))^{\beta}(A(t)L(t))^{1-\alpha-\beta} \tag{2-8}$$

式中，总产出 $Y(t)$ 由物质资本 $K(t)$、人力资本 $H(t)$、人才结构与产业结构匹配度 $M(t)$、劳动 $L(t)$ 和技术进步水平 $A(t)$ 投入所得；α、β 分别为物质和人力资本的产出弹性。

将各变量与劳动者数量相比得到单位劳动量，且均用小写字母表示。即：

$$y(t)=A(t)^{1-\alpha-\beta}k(t)^{\alpha}m(t)^{\beta}h(t)^{\beta} \tag{2-9}$$

$$y(t)=Y(t)/L(t)=lp(t)$$

上述函数用增长率形式可进一步表示为：

$$g_y=g_{lp}=(1-\alpha-\beta)g_A+\partial g_k+\beta g_m+\beta g_h \tag{2-10}$$

在技术进步的测算上，本节借鉴赵国庆、张中元的方法，用科技活动所有内部支出经费来衡量科技创新投入，并且以科技创新强度（等于科技活动所有内部支出经费/销售收入，通常用 *R&D* 支出经费/销售收入来表示）指标来衡量它对技术进步的贡献，同样对人力资源的积累也采用科技人员密度（等于科技活动人员/从业人员）指标来衡量它对技术进步的贡献。同时，考虑到企业性质、行业竞争程度对劳动生产率的显著影响，本节在实证模型中加入行业资本结构以及行业竞争程度变量。

由此，可以构建实证模型如下：

$$\ln LP_{it}=\alpha_i+\beta_1\ln RD_{it}+\beta_2\ln K_{it}+\beta_3\ln C_{it}+\beta_4\ln MoB_{it}+\beta_5\ln MoP_{it}+\beta_6\ln MoE_{it}+\beta_7\ln E_{it}+\varepsilon_{it}$$

式中，*LP* 为劳动生产率；*RD* 是 *R&D* 支出经费占主营业务销售收入的比重；*K* 为人均固定资产投入；*MoB* 为技术等级分组人才与产值偏离度；*MoP* 为技术职称分组人才与产值偏离度；*MoE* 为学历分组人才与产值偏离度；*E* 为行业资本结构变量；*C* 表示行业竞争程度；α_i 是与行业相关、时间无关的未观测个体效应。

2.3.2.1 变量选取与数据来源

本书旨在分析人才数量与行业产值的结构匹配度对行业劳动生产率的影响，选取变量说明如下：劳动生产率（*LP*）数据通过劳动生产率=工业总产值/从业人数公式计算获得。2008 年实际劳动生产率通过 2004 年为基期，以 CPI 为平减指数计算获得。*RD* 投入利用规模以上工业企业 *R&D* 支出经费占主营业务销售收入的比重，数据来源于 2005 年和 2009 年《中国科技统计年鉴》。资本投入（*K*）为人均城镇固定资产投资，用城镇固定资产投资/从业人数来衡量，数据来源于 2005 年和 2009 年《中国统计年鉴》。各类人才与产业匹配度（*MoB*、*MoP*、*MoE*）采用文中人才-产值结构偏离系数来衡量。行业资本结构（*E*）用港澳台资本、外商资本占实收资本的比例来衡量。行业竞争程度（*C*）用企业单位数/工业总产值表示。

表 2-13 给出主要变量的统计特性以及变量间的相关系数矩阵。

表 2-13 主要变量的统计特性和相关系数

变量	均值	标准差	最小值	最大值	相关矩阵系数							
					LP	*RD*	*E*	*C*	*K*	*MoB*	*MoP*	*MoE*
LP	12.66	0.74	11.47	14.69	1							
RD	-0.91	0.76	-2.30	0.33	0.14	1						
E	-1.41	0.95	-6.40	-0.43	-0.62③	0.230①	1					
C	1.44	1.22	-2.94	3.16	-0.90③	-0.08	0.70③	1				
K	10.17	0.81	8.20	12.17	0.87③	0.226①	-0.44③	-0.65③	1			
MoB	1.07	1.107	-0.843	3.35	0.40③	0.34③	-0.16	-0.32③	0.29③	1		
MoP	0.68	1.16	-1.42	2.653	0.42③	0.28②	-0.26②	-0.38③	0.325②	0.90③	1	
MoE	0.91	0.98	-0.916	2.80	0.44③	0.31②	-0.17	-0.43③	0.33③	0.863③	0.91③	1

注：所有变量均为对数形式。①、②、③分别表示 1%、5%、10%水平下显著。

数据来源：《中国经济普查年鉴》（2004 年、2008 年）、《中国科技统计年鉴》。

2.3.2.2 实证分析结果

为了消除行业特性，采用一阶差分消除与行业相关、时间无关的未观测个体效应。同时考虑到 *MoB*、*MoP*、*MoE* 之间显著相关，在模型中加入交互变量，实证模型如下：

$$\Delta \ln LP_{it} = \beta_1 \Delta \ln RD_{it} + \beta_2 \Delta \ln K_{it} + \beta_3 \ln \Delta C_{it} + \beta_4 \ln \Delta MoB_{it} + \beta_5 \ln \Delta MoP_{it} + \beta_6 \Delta \ln MoE_{it} + \beta_7 \Delta \ln E_{it} + \varepsilon_{it}$$

实证分析采取正向和逆向逐步回归方法，稳健回归结果见表2-14。在第一列回归中，解释变量包括资本投入、行业资本结构、行业竞争程度以及三种分组的人才数量与产值偏离系数，估计结果显示，资本投入、行业资本结构与竞争程度回归系数符合预期，并且均通过显著性水平检验。在其他条件不变的情况下，资本投入越大、实收资本中港澳台资本、外商资本所占比例越高，行业劳动生产率水平越高；行业竞争程度越小，厂商规模越大，行业劳动生产率水平越高。学历人才与产值结构偏离度回归系数为负，通过显著性水平检验，这意味着学历人才结构偏离度越小，劳动生产率越高。令人意外的是，技术职称人才与产值结构偏离度回归系数为正，通过显著性水平检验，这说明其他条件不变时，技术职称人才与产业产值结构偏离度越大，劳动生产率越大。

表2-14 稳健回归估计结果

解释变量：dln*LP*	(1)	(2)	(3)	(4)
dln*K*	0.156② (0.071)	0.162③ (0.064)		
dln*E*	0.0899② (0.036)	0.116③ (0.0354)		
dln*C*	-0.576③ (0.127)	-0.536③ (0.124)	-0.459③ (0.131)	-0.349③ (0.055)
dln*MoP*	0.071② (0.036)	0.052② (0.026)		
dln*MoE*	-0.06① (0.044)			
dln*MoB*×dln*MoP*		-0.331① (0.20)		
dln*MoB*×dln*MoE*		0.578② (0.333)		
dZJZC			-0.205① (0.121)	-0.221② (0.114)
dGJG			-0.165② (0.082)	-0.154③ (0.047)
cons	0.132① (0.127)	0.156① (0.10)	0.206① (0.122)	0.414③ (0.043)
F	11.73 (0.000)	37.43 (0.000)	18.40 (0.000)	46.03 (0.000)
White test	21.64 (0.36)	28.0 (0.41)	19.42 (0.021)	
R2	0.7492	0.7697	0.7354	0.7993

注：①、②、③分别表示1%、5%、10%水平下显著。White test 采用 stata 命令：estat imtest，white。

第二列回归中引入交互变量，以反映各类人才结构偏离度之间的互相影响。技术等级人才偏离度和技术职称人才偏离度回归系数为负，表明在技术等级人才（技术职称人才）偏离度一定的条件下，技术职称人才（技术等级人才）偏离度越高越不利于劳动生产率的提高。而技术等级人才偏离度和学历人才偏离度回归系数显著为正，其他变量的回归系数未发生大幅度变化，且依然显著。

为了估计哪一类人才对行业劳动生产率影响最大，第三列回归将所有类型人才偏差系数加入模型。结果显示，除了行业竞争程度依然显著为负外，其他变量均未能通过显著性水平检验。中级职称和高级工人才结构偏离度对行业劳动生产率有显著的负向影响，这意味着现阶段应该注重这两类人才数量结构上与产值结构的匹配。

由于第三列回归未能通过怀特检验（White Test），即存在异方差。因此，第四列采用加权最小二乘法重新估计第三列模型。结果显示，中级职称人才结构偏离度降低 1%，行业劳动生产率将提高 0. 221%；高级工的人才结构偏离度降低 1%，行业劳动生产率将提高 0. 154%。

总体来看，人才对于地区经济发展的巨大支撑作用已无需证明，但其对经济社会发展的推动程度受到多方面因素的影响，这其中人才结构的作用不容忽视。从目前我国制造业分行业数据来看，人才与产业发展不协调已经成为一个非常普遍的现象，并且在一些行业中愈演愈烈。同时，本节实证结果表明，人才结构偏离度提高将影响行业劳动生产率的提升，不利于人才效用的发挥。

2. 4 高等教育对地区经济贡献度的测算

2. 4. 1 关于高等教育经济增长贡献率的研究

美国经济学家 Schultz（1961）在《教育和经济增长》一书中运用余数分析法就教育对经济增长的贡献作了定量分析。他把资本的投入分解为物质资本投入和人力资本投入两部分，通过计算一定时期内因教育水平的提高而增加的教育资本存量、教育资本收益率、收益额，来确定教育程度的提高对国民收入增长的贡献。其研究表明，1929~1957 年美国教育投资增加额的收益额为 495 亿美元，它相当于国民收入增量 1520 亿元的 33%，“余数” 710 亿元的 70%。这种计量方法把工资差别作为计算教育收益率的依据。美国学者 Dennison 使用经济增长因素法，从历史统计分析中，度量增长的各种因素并采用权重比例法，寻求加快美国经济增长的途径，其中认为教育尤其是高等教育对经济增长贡献最为显著。

近年来，尤其是改革开放以来，教育经济学在国内广泛传播以后，国内众多学者和经济学家都就教育对经济增长贡献率及高等教育对经济增长贡献率做过深入研究。

（1）高等教育对地区经济增长具有显著促进作用。国内众多学者运用柯布-道格拉斯生产函数法或者柯布-道格拉斯生产函数法的演绎方法，分别就中国高等教育对经济增长贡献率测度及其相关分析、教育对经济增长影响等一系列问题进行了研究，并具体分析了全国高等教育对经济增长和高等教育对地区省份经济增长贡献率情况。如崔玉平采用柯布-道格拉斯生产函数法研究得出 1982~1990 年我国教育对经济增长的贡献率为 8.84%，高等教育对经济增长贡献率为 1.48%；刘林在借鉴崔玉平估算中国高等教育对经济增长率贡献率方法的基础上，进行实证分析得出 1996~2003 年间，我国教育对经济增长贡献率为 20.38%，高等教育对经济增长贡献率为 3.35%；吴一平根据 1995~2003 年数据测算出前者为 5.80%，后者为 9.30%。

马陆亭认为高等教育无论是在短期还是长期对经济增长都有促进作用，还特别强调了长期促进作用的重要性，其应该放在教育经济政策的核心位置。孙敬水等认为接受过高等教育的人力资本对经济增长具有突出贡献；高等教育发展在短期和长期对我国经济增长都具有积极影响，且长期效应高于短期效应，但是高等教育与物质资本、劳动力投入相比贡献不大。

（2）高等教育对经济增长有消极影响。郑娜使用中国 1978~2006 年的人口结构和经济增长指标，认为尽管在长期高等教育对经济增长有积极影响，但是在短期高等教育产生了消极影响，这可能是高等教育规模与当地经济不适应造成的。

杨亚军、李洪天提出高等教育对经济社会发展的作用机制，就是通过改善人力资本达到提高对经济增长的贡献份额，通过培养高层次专门人才达到提高劳动生产率的目的，通过人的思维和管理方法的更新达到促进经济社会发展进程，通过大众化达到促进产业结构不断优化和经济增长方式不断改变。

总体来看，国内外学者关于高等教育对经济社会发展作用的研究已经取得了丰富的研究成果，但由于实证方法、样本选取上的差异，结论依然存在分歧。

2.4.2 高等教育经济增长贡献度测算

遵循 Denison 的教育量简化系数法，考虑到教育提高了劳动质量使得初始劳动力投入量成一定比例增加，因而，可以把柯布-道格拉斯生产函数表示为：

$$Y_t = A_t K_t^{\alpha} L_t^{\beta}$$

式中，Y 为产出量；A 为技术水平常数；K 为资本投入量；L 为劳动投入量；α 为资本的产出弹性系数；β 为劳动的产出弹性系数；t 为时间变量，并且 $\alpha > 0$，$\beta > 0$，$\alpha + \beta = 1$。

考虑到教育可以提高劳动力的质量，也就相当于可以使初始劳动力的投入量成一定比例的增加，因此，可以把劳动力 L 分解为初始劳动力 L_0 与教育投入 e 的乘积，这样，柯布-道格拉斯生产函数可以表示为：

$$Y_t = A_t K_t^{\alpha} (L_{0t} E_t)^{\beta}$$

对上式两边取自然对数之后，再求时间 t 的全导数，然后用差分方程近似地代替微分方程，得到如下方程：

$$y = \alpha + ak + \beta L_0 + \beta_e$$

式中，y 代表一定时期内经济的年均增长率；e 代表教育投入的平均增长率；a、k、L_0 分别代表技术进步、资本和劳动的增长率。

上式两侧同时除以 y，便得到各部分对经济增长的贡献度为：

$$C_e = \beta_e / y$$

式中，C_e 表示教育对国内经济年均增长率的贡献份额。

在实际计算中，教育投入的年均增长率 e 一般是以教育综合指数的年均增长率 R_e 来取代的。这里要说明的是，教育综合指数反映的是某年、某国家（或某地区）劳动者人均受教育程度的状况。它以劳动者受某一级教育为基准，按照一定的劳动简化率（或称劳动折算系数，如工资、生产率、受教育年数）折算人均受教育程度。它的年均增长率与教育投入的年均增长率呈正相关，或者说，它能够反映出教育投入的实际效果。因而，在计算教育对国内经济年均增长率的贡献份额时，用教育综合指数的年均增长率 R_e 来代替教育投入的年均增长率应当更为合理。于是，计算教育对经济增长贡献度的模型变为：

$$C_e = \beta R_e / y$$

这就是目前被国际教育经济学界广泛采用的计算教育对经济增长贡献度的最概括性的模型。

因此，高等教育对经济增长的贡献份额可表示为：

$$C_h = E_h C_e = \beta E_h R_e / y$$

式中，E_h 为高等教育在教育综合指数增长率中的比重。

2.4.2.1 我国各地区教育综合指数的测算及地区比较

以《中国人口与就业统计年鉴》公布的 2006~2014 年“分地区全国就业人员受教育程度构成”表，为计算各地区教育综合指数的数据来源[1]。

以 2010 年为例计算全国教育综合指数。2010 年，我国就业人口中 3.4%未上过学、23.9%接受过小学教育、48.8%接受过中学教育、13.9%接受过高中教育、6.0%接受过大学专科教育、3.7%接受过大学本科教育、0.39%接受过研究生及以上教育。以小学六年制、初中三年制、高中三年制、大学专科三年制、大学本科四年制和研究生及以上三年制为受教育标准年限，把大学专科、本科及研究生及以上均看作是高等教育范畴。据此，我国 2010 年人均接受小学教育年限为：

$$(23.9+48.8+13.9+6.0+3.7+0.39)\times 6 \div 100 = 5.801$$

同理，可计算得到人均受初中教育年限为 2.184，人均受高中教育年限为

[1] 因 2006 年及之前《中国人口与就业统计年鉴》并未公布“分地区全国就业人员受教育程度构成”，而 2016 年年鉴未发布，故数据选为 2006~2014 年。

0.720，人均受高等教育年限为0.355。

采取杨亚军等使用的劳动简化率系数，依次将小学、初中、高中、大学文化程度劳动力的劳动简化率定为1、1.2、1.4和2，据此可计算得到2010年我国从业人员教育综合指数为：

$$E_{2010}=5.801+2.184\times1.2+0.720\times1.4+0.355\times2=10.140$$

同理，可计算出我国各地区2001~2010年的年度从业人员教育综合指数。其中，2001年与2010年各地区从业人员教育综合指数见表2-15。

表2-15 各省、市、自治区、直辖市教育综合指数（2006~2014年）

省、市、自治区、直辖市	2006年	2007年	2008年	2009年	2010年	2011年	2012年	2013年	2014年
全国	13.97	14.58	15.05	15.53	16.86	18.72	18.95	19.19	19.45
北京	24.50	24.46	24.38	24.49	25.62	27.34	27.81	27.33	27.94
天津	20.75	21.15	21.36	21.78	21.92	23.45	23.47	24.18	24.69
河北	15.54	15.82	16.52	16.89	18.12	19.94	20.30	19.10	19.88
山西	18.13	18.06	17.98	18.20	19.46	21.39	21.61	21.53	21.43
内蒙古	14.58	14.86	15.27	15.69	17.31	19.63	19.85	19.45	19.44
辽宁	17.76	17.82	18.25	18.81	19.63	20.04	20.17	20.87	21.21
吉林	16.01	16.71	17.30	17.53	18.21	19.24	18.71	19.31	19.73
黑龙江	16.24	17.42	17.43	17.77	18.52	17.98	18.35	18.08	18.90
上海	23.56	23.49	23.66	24.36	23.28	24.35	24.60	25.12	26.42
江苏	14.96	15.43	15.97	16.33	18.36	19.41	20.07	20.12	20.19
浙江	14.02	14.01	14.36	15.30	16.72	18.88	18.96	19.31	19.61
安徽	11.02	10.98	11.99	12.62	14.15	15.71	16.66	16.16	17.00
福建	12.58	12.99	13.29	15.44	16.89	18.59	19.17	18.82	19.42
江西	12.27	14.59	14.63	16.10	16.39	18.47	18.62	19.05	18.74
山东	14.71	15.42	15.80	16.20	17.23	19.65	19.09	20.18	19.93
河南	15.48	15.79	16.41	16.76	17.31	18.45	18.94	19.31	19.75
湖北	13.92	14.46	14.89	15.55	16.92	19.25	19.23	19.74	19.86
湖南	14.15	15.06	15.42	16.13	17.57	20.66	20.54	20.63	20.51
广东	17.36	18.33	18.55	18.46	19.86	20.60	20.45	20.79	21.46
广西	14.40	14.90	15.02	15.28	15.93	18.02	18.20	18.51	18.95
海南	15.81	16.01	16.62	16.75	18.22	20.00	20.53	20.98	21.03
重庆	11.01	12.15	12.53	12.58	14.40	15.70	16.75	16.56	16.77
四川	9.56	10.71	10.92	11.71	13.32	16.47	16.47	16.92	16.96

续表 2-15

省、市、自治区、直辖市	2006 年	2007 年	2008 年	2009 年	2010 年	2011 年	2012 年	2013 年	2014 年
贵州	7.85	8.71	9.86	9.85	10.54	13.03	13.84	14.85	14.43
云南	8.05	8.03	8.60	9.09	10.37	12.14	12.98	13.69	13.25
西藏		1.79		1.90	4.35	14.74	7.53	7.87	6.81
陕西	14.42	14.82	15.13	15.38	17.43	20.90	20.98	21.49	21.63
甘肃	8.41	9.11	9.84	10.05	12.26	15.66	15.62	16.20	16.15
青海	9.65	9.86	9.91	10.20	11.35	15.88	16.36	16.39	16.25
宁夏	12.07	12.66	14.18	14.40	15.33	17.15	16.66	16.21	15.89
新疆	14.73	15.37	15.68	16.15	17.12	17.97	18.14	18.45	18.68

从表 2-15 可以看出，我国各地区的教育综合指数稳步提升，从 2006 年的 13.97 逐步提高到 2014 年的 19.45。这说明通过大力普及九年义务教育及实施高等教育扩招政策，我国各地区的劳动力受教育水平已经得到较大幅度的提升。

虽然各地区教育综合指数均处于上升状态，但地区差异依然显著。2006 年综合指数最高的为北京，达到 24.5；而最低的贵州只有 7.85，相差 2.12 倍。2014 年北京依然最高，为 27.94；最低的西藏只有 6.81。

江西省教育综合指数从 2006 年的 12.27 增长到 2014 年的 18.74，虽然增幅明显，但在全国排名始终在 20 左右徘徊，提高劳动力受教育水平程度依然任重而道远。

2.4.2.2 我国不同地区高等教育贡献度的测算及地区比较

使用构造的模型：

$$C_h = E_h \cdot C_e = \beta E_h \cdot R_e / \gamma \quad (\gamma = \alpha + ak + \beta L_0 + \beta_e)$$

E_h 为高等教育在教育综合指数增长率中的比重，γ 为 GDP 的年均增长率，R_e 为教育综合指数的年均增长率。在柯布-道格拉斯生产函数中，α 为资本的产出弹性系数，它表示当其他生产要素不变时，仅资本一种生产要素改变所带来的产值相对变化率；β 为劳动的产出弹性系数，它表示当其他生产要素不变时，仅劳动力一种生产要素改变所带来的产值相对变化率。本书 β 系数值采用朱晓东的研究。具体见表 2-16。

表 2-16 人力资本弹性回归估计

地区	α	t 检验	Sig.	调整 R^2	F 检验	β
东部	0.809	32.737	0.000	0.908	1071.692	0.191
中部	0.702	33.652	0.000	0.935	1132.472	0.298

续表 2-16

地区	α	t 检验	Sig.	调整 R^2	F 检验	β
西部	0.727	30.470	0.000	0.886	928.428	0.273
全国	0.810	48.483	0.000	0.884	2350.567	0.190

从业人员教育综合指数换成减去高等教育外的教育综合指数，与从业人员教育综合指数相除即得到高等教育在教育综合指数中的占比。即：

$$E_h = \frac{R_e - R'_e}{R_e} \times 100\%$$

式中，E_h 为高等教育在教育综合指数增长中的比重，R_e 为教育综合指数年均增长率，R'_e 为除去高等教育外的从业人员教育综合指数年均增长率。

表 2-17 测算了 2006~2014 年我国各省、市、自治区、直辖市高等教育经济增长率情况。2006~2014 年，我国教育综合指数年均增长率为 4.218%，教育贡献率为 5.415%，高等教育贡献率为 0.431%。

表 2-17 2006~2014 年间各地区高等教育经济增长贡献率 (%、位)

省、市、自治区、直辖市	GDP 增长率	教育综合指数年增长率	人力资本弹性	教育贡献率	高等教育在教育指数中占比	高等教育贡献率	教育贡献率排名	高等教育贡献率排名
全 国	14.800	4.218	0.190	5.415	7.957	0.431		
北 京	13.273	1.658	0.191	2.385	35.348	0.843	30	2
天 津	17.397	2.196	0.191	2.410	23.920	0.577	29	13
河 北	12.265	3.131	0.191	4.875	11.567	0.564	21	15
山 西	13.142	2.110	0.298	4.785	14.304	0.684	23	7
内蒙古	17.802	3.662	0.298	6.131	11.397	0.699	15	6
辽 宁	15.165	2.244	0.191	2.826	10.539	0.298	27	28
吉 林	15.779	2.645	0.298	4.995	12.770	0.638	19	9
黑龙江	11.738	1.908	0.298	4.845	8.144	0.395	22	22
上 海	10.812	1.439	0.191	2.543	29.427	0.748	28	3
江 苏	14.754	3.814	0.191	4.938	8.794	0.434	20	18
浙 江	12.424	4.284	0.191	6.586	10.742	0.708	14	4
安 徽	16.490	5.563	0.298	10.053	5.861	0.589	6	11
福 建	15.464	5.580	0.191	6.892	7.384	0.509	12	17
江 西	16.377	5.440	0.298	9.898	1.822	0.180	7	30
山 东	13.176	3.865	0.191	5.603	12.503	0.700	16	5

续表 2-17

省、市、自治区、直辖市	GDP增长率	教育综合指数年增长率	人力资本弹性	教育贡献率	高等教育在教育指数中占比	高等教育贡献率	教育贡献率排名	高等教育贡献率排名
河　南	13.715	3.097	0.298	6.730	9.634	0.648	13	8
湖　北	17.411	4.537	0.298	7.766	5.304	0.412	9	20
湖　南	17.251	4.750	0.298	8.205	7.165	0.588	8	12
广　东	12.620	2.683	0.191	4.061	10.077	0.409	26	21
广　西	15.856	3.492	0.191	4.206	4.868	0.205	25	29
海　南	16.205	3.627	0.191	4.275	9.221	0.394	24	23
重　庆	19.233	5.398	0.273	7.662	6.661	0.510	10	16
四　川	16.111	7.424	0.273	12.579	3.309	0.416	2	19
贵　州	19.145	7.906	0.273	11.274	3.478	0.392	3	24
云　南	15.642	6.428	0.273	11.218	5.072	0.569	4	14
西　藏	15.487	0.000	0.273	0.000	0.000	0.000	31	31
陕　西	18.585	5.199	0.273	7.636	8.201	0.626	11	10
甘　肃	14.734	8.504	0.273	15.756	5.518	0.869	1	1
青　海	17.324	6.734	0.273	10.612	3.128	0.332	5	26
宁　夏	18.438	3.491	0.273	5.169	6.781	0.351	18	25
新　疆	14.935	3.016	0.273	5.513	5.593	0.308	17	27

分地区来看，2006~2014 年教育综合指数增长最快的是重庆和贵州，增幅超过 19%；教育贡献率最高的是甘肃、四川、贵州和云南，均超过 10%；而高等教育对经济增长贡献率最高的是甘肃，其次是北京、上海和浙江。

2006~2014 年江西省教育综合指数年均增长 5.44%，高于全国平均水平；教育对经济增长贡献率为 9.898%，远高于全国平均水平，排在全国第 7 位；而高等教育对经济增长贡献率为 0.180%，远低于全国 0.431%的平均水平，排在全国倒数第二位。这意味着教育对江西省经济增长的促进作用较为显著，但其中的主要贡献来自于非高等教育，高等教育贡献率不大。其中的根源在于高等教育在教育综合指数中的比例低，仅为 1.822%，排在全国倒数第二位。就业人员中受过高等教育劳动者比例偏低是制约江西省高等教育服务地方经济社会发展的症结所在。

理论上，高等教育对区域经济增长存在多重影响。长期来看，一方面高等教育通过其规模质量和层次学科结构影响人力资本规模质量和结构，进而促进产业结构变动，同时影响技术吸收的能力，最终作用于经济的长期增长；另一方面，高等教育形成的知识积累可以通过成果转化、技术服务与咨询、研究能力、创办高技术企业、促进投资等多个角度促进技术进步，影响经济的长期增长。反之，地区经济发展会通过产业结构变迁改变对高等教育规模质量和结构的需求，引导高等教育发展；同时经济增长带来收入水平提高，会促进高等教育消费，推动地区高等教育的发展。实证研究表明，高校毕业生规模对地区人力资本存量具有显著正向影响，但其影响程度按照东部、中部、西部的顺序依次递减。中西部欠发达地区高校毕业生流出制约了高等教育对地区人力资本的贡献；其他因素不变时，地区人力资本存量提高1%，地区创新能力将提高0.2%；人力资本对经济增长有正向的影响，但其影响力低于物质资本，且东部地区人力资本对经济增长的作用远高于西部地区。人才结构与产业结构匹配程度影响劳动生产率和地区经济增长。

第二篇

外谋溢出：以学科—产业适配提升人才培养质量

改革开放40年来，我国高等教育事业迅速发展，高等教育规模已位居世界第一，生师比世界第一、高校校均规模世界第一、班级授课规模世界第一、学时数世界第一、课时数世界第一、必修课比例世界第一等，但是当前高等教育普遍存在着发展重心偏低、同质同构、优质发展不充分等问题。20世纪末的“211工程”“985工程”以及“高等教育强国”战略，近年“双一流”的实施，标志着中国高等教育人才培养的“质量意识”已提升到国家层面。党的十八大报告更是提出“推动高等教育内涵式发展”，党的十九大报告进一步提出“实现高等教育内涵式发展”。

内涵式发展是“高校功能活动及其结果品位的提升及相关要素品质的改善和优化”，是微观上高等教育内部要素优化整合与宏观上高等教育与社会发展的良性互动。因此，现阶段高等教育人才培养质量提升需要内外兼修。内求效率，提升高等教育经费内部使用效率，关注人才培养质量成本；外谋贡献，提高高等教育对产业发展的外部溢出，关注学科结构与产业结构适配。

因此，本书在第二篇和第三篇分别从产业溢出和质量效率角度，分析高等教育人才培养质量提升的路径。

通过学科聚人才、育人才和出成果是具有普适性的大学通则。面向国家重大战略需求，优化学科布局，调整学科结构，是提高高等教育质量和大学核心竞争力的重要举措，也是“双一流”建设和内涵式发展的关键所在。

当前我国高等教育学科结构、产业结构分别呈现怎样的特点，学科结构与产业结构作用机理如何，两者是否适配，国外高等院校学科结构调整做法能否提供参考和借鉴？本篇在对我国高等教育学科结构和产业结构分析的基础上，结合高等教育学科结构与产业结构的作用机理、国内外高等教育学科结构调整的经验与启示，以江西省为例，分析学科结构与产业结构的适配度。

3 我国高等教育学科结构现状、趋势与问题

1999 年我国高等教育开始进行大规模扩招，我国高等教育也因此逐步迈进大众化阶段。根据联合国教科文组织的报告，我国在 2001 年已经形成规模，超过美国、印度、俄罗斯和日本而跃居世界第一。截止到 2017 年，全国各类高等教育在学总规模达到 3779 万人，高等教育毛入学率达到 45.7%（表 3-1、图 3-1）。

表 3-1 我国高等教育规模变化情况

年份	每十万人口平均在校生数/人	毛入学率/%	年份	每十万人口平均在校生数/人	毛入学率/%
1991	304	3.5	2005	1613	21
1992	313	3.9	2006	1816	22
1993	376	5	2007	1924	23
1994	433	6	2008	2042	23.3
1995	457	7.2	2009	2128	24.2
1996	470	8.3	2010	2189	26.5
1997	482	9.1	2011	2253	26.9
1998	519	9.8	2012	2335	30
1999	594	10.5	2013	2418	34.5
2000	723	12.5	2014	2488	37.5
2001	931	13.3	2015	2524	40.0
2002	1146	15	2016	2530	42.7
2003	1298	17	2017	2576	45.7
2004	1420	19			

资料来源：《中国统计年鉴（2018）》，2015~2017 年高等教育毛入学率数据来源于《2017 年全国教育事业发展统计公报》。

全国共有普通高等学校 2631 所（含独立学院 265 所）。其中，本科院校 1243 所、高职（专科）院校 1388 所。全国共有成人高等学校 282 所，研究生培养机构 815 个，其中，普通高校 578 个、科研机构 237 个。普通高等学校校均规模 10430 人，其中，本科学校 14639 人、高职（专科）学校 6662 人。我国高等教育规模总量虽然跃居全世界第一，但在相对规模和发展质量方面依然有较大提升空间。

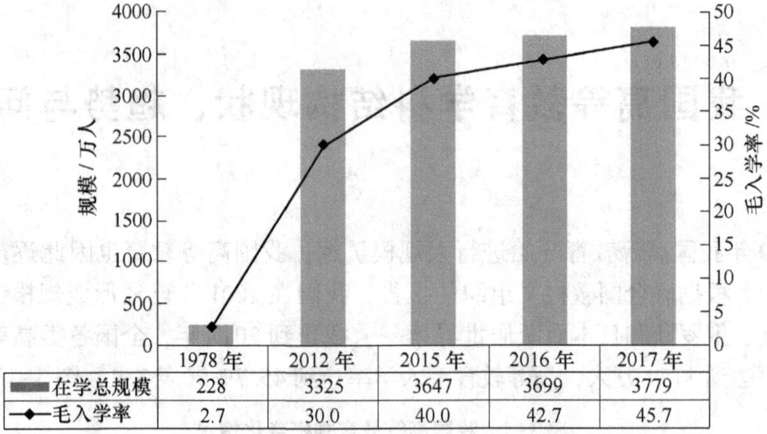

图3–1 1978年、2012年、2015~2017年高等教育在学规模和毛入学率

（1）相对规模方面数量低于世界的平均水平，与西方发达国家美国、澳大利亚、日本、加拿大及新兴发展国家（如韩国等）还存在较大差距。例如，2012年，我国高等教育毛入学率为30%，而发达国家基本都超过50%，韩国、美国和芬兰甚至超过90%（表3–2）。

表3–2 2012年世界主要国家高等教育毛入学率

地区	高等教育毛入学率/%	地区	高等教育毛入学率/%
韩国	98.38	葡萄牙	68.86
美国	94.28	意大利	62.47
芬兰	93.72	英国	61.88
澳大利亚	86.33	德国	61.65
西班牙	84.57	日本	61.46
新西兰	79.78	匈牙利	59.63
丹麦	79.6	法国	58.3
荷兰	77.34	瑞士	55.56
俄罗斯联邦	76.14	伊朗	55.16
挪威	74.1	墨西哥	28.99
瑞典	70.03	印度	24.8

资料来源：《国际统计年鉴（2013）》。

（2）与国外发达国家相比，我国高等教育对经济贡献率偏低。崔玉平测算1982~1990年高等教育对我国经济增长的贡献率只有0.48%，宋华明、王荣测算 1990~2000 年贡献率为 0.83%，朱晓东测算 2001~2010 年高等教育的贡献率为 0.6%，远远低于发达国家水平。

高等教育对经济增长贡献率偏低的根源在于高等教育和经济发展的自身都具有阶段性，高等教育发展并非经济增长的充分条件，只有与经济发展相适配的高等教育才能促进经济增长。

学科专业结构作为联系高等教育与经济发展的主要纽带，直接影响地区人力资源供给结构，进而决定地区产业发展的速度和质量。《国家中长期教育改革和发展规划纲要（2010—2020 年）》明确提出，高等教育要不断优化教育结构，适应国家和区域经济社会发展需要。近代以来，美国、日本、德国等发达国家每一次产业结构转型升级的进程中，无一不伴随着高等教育学科结构的先行调整，我国高等教育不同学科对我国经济的影响也呈现明显的部门差异，高等教育学科结构与产业结构之间存在着密切联系。

那么，我国高等教育学科结构现状如何，学科结构与产业发展的关系怎样，是否适配，学科结构又应该怎样适应我国经济社会振兴中的产业发展需求？为了实现我国经济社会的振兴发展，对于这些问题不但应该而且必须认真仔细地深入研究。

本书从高等教育学科结构与产业发展动态适配的角度，通过分析我国高等教育学科结构和产业结构现状，在对两者关系进行理论和实证分析的基础上，结合产业发展所需人才的规模和结构，探讨我国高等教育学科结构调整的模式和路径，为实现我国经济社会跨越发展提供参考。

自 1999 年大规模扩招，我国高等教育逐步迈进大众化阶段，高等教育规模已居世界第一。本章重点对我国高等教育的规模、学科结构等方面进行分析，明晰我国高等教育学科结构现状、特征及存在的问题。

3.1 我国高等学校在校生、毕业生及招生情况

自扩招以来，我国高等教育规模得到迅速提高。截至 2014 年年底，全国各类高等教育在学总规模达到 3559 万人，高等教育毛入学率达到 37.5%。全国共有普通高等学校和成人高等学校 2824 所，普通高校中本科院校 1202 所，高职（专科）院校 1327 所。全国共有研究生培养机构 788 个。研究生招生 62.13 万人，在学研究生 184.77 万人，毕业研究生 53.59 万人。普通高等教育本专科共招生 721.40 万人，在校生 2547.70 万人，毕业生 659.37 万人。成人高等教育本专科共招生 265.60 万人，在校生 653.12 万人，毕业生 221.23 万人。全国高等教育自学考试学历教育报考 703.37 万人次，取得毕业证书 77.38 万人。

本节对近年来我国高等学校毕业生、招生和在校生的规模及其变动进行分析。

3.1.1 毕业生规模、结构与发展趋势

近年来，我国高等学校毕业生规模稳步提高。2007~2013年，研究生毕业人数从344825人提高到535863人，年均增长9.22%。其中，博士毕业生人数从43759人增长到53653人，年均增幅为4.16%；硕士研究生人数从301066人增长到482210人，年均增幅达到9.88%。这表明，近年来我国高校研究生毕业规模快速增长主要来自于硕士研究生毕业人数的贡献。实际上，由于过高的博士、硕士人数比，我国博士研究生录取规模在2005年前后开始控制，2008年之后博士毕业生的增速较为缓慢，见表3-3。

表3-3 2007~2013年我国高等教育毕业生数 （人）

毕业生	2007年	2008年	2009年	2010年	2011年	2012年	2013年	年均增长/%
研究生	344825	371273	383600	429994	486455	513626	535863	9.22
博士	43759	48658	48987	50289	51713	53139	53653	4.16
硕士	301066	322615	334613	379705	434742	460487	482210	9.88
普通本专科	5119498	5311023	5754245	6081565	6247338	6387210	6593671	5.19
本科	2256783	2455359	2590535	2796229	3038473	3199716	3413787	8.63
专科	2862715	2855664	3163710	3285336	3208865	3187494	3179884	2.12
成人本专科	1690944	1943893	1972873	1906640	1954357	1997729	2212329	5.52
本科	684506	865421	803915	755402	801015	811159	899050	5.60
专科	1006438	1078472	1168958	1151238	1153342	1186570	1313279	5.47
网络本专科生	901522	983521	1105529	1299253	1360870	1560762	1661306	13.00
本科	403824	405549	422543	460149	477949	536702	586272	7.74
专科	497698	577972	682986	839104	882921	1024060	1075034	16.65

资料来源：历年《中国教育统计年鉴》。

普通本专科毕业人数从2007年的5119498人提高到2013年的6593671人，年均增幅5.19%。其中，本科毕业生人数从2256783人增长到3413787人，年均增幅为8.63%；专科毕业生人数从2862715人增长到3179884人，年均增幅2.12%。由此可见，近年来我国高校普通本专科毕业规模的增长主要是因为本科毕业生人数的提高造成的。如图3-2所示。从增长的速度来看，普通本专科年均增幅低于研究生年均增幅，普通本科年均增幅低于硕士研究生增幅。

与成人本专科在2007~2013年间5.52%的年均增长幅度相比，网络本专科生毕业生规模的增长极为迅速，年均增幅高达13%，其中网络专科毕业生的规模年均增幅达到16.65%，是我国高校毕业生增幅最大的群体。

2007~2013年，我国研究生占高校总体毕业生人数的比例稳步提高，从2007年的4.28%提升到2013年4.87%。其中，博士毕业生的份额并没有提高，反而有所下降，硕士毕业生份额提升幅度较快（表3-4）。

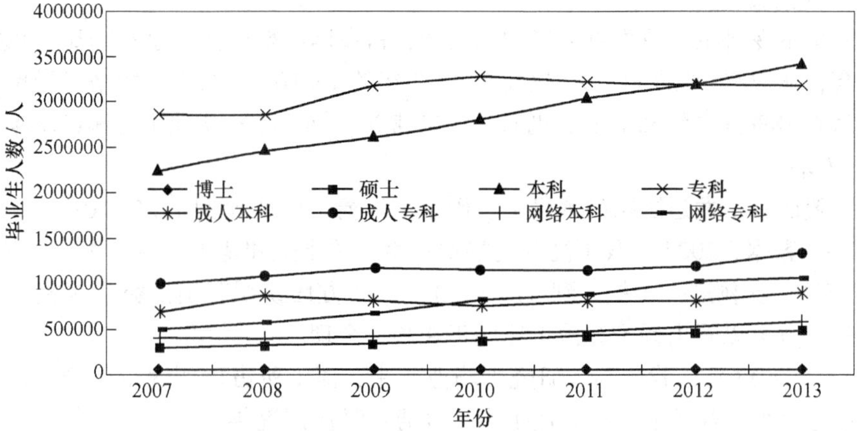

图 3-2 我国各层次高校毕业生人数（2007~2013 年）

表 3-4 2007~2013 年我国高等院校毕业生人数分布情况 （%）

毕业生	2007 年	2008 年	2009 年	2010 年	2011 年	2012 年	2013 年
研究生	4. 28	4. 31	4. 16	4. 42	4. 84	4. 91	4. 87
博士	0. 54	0. 57	0. 53	0. 52	0. 51	0. 51	0. 49
硕士	3. 74	3. 75	3. 63	3. 91	4. 33	4. 40	4. 38
普通本专科	63. 54	61. 69	62. 44	62. 58	62. 17	61. 07	59. 93
本科	28. 01	28. 52	28. 11	28. 78	30. 24	30. 59	31. 03
专科	35. 53	33. 17	34. 33	33. 81	31. 93	30. 48	28. 90
成人本专科	20. 99	22. 58	21. 41	19. 62	19. 45	19. 10	20. 11
本科	8. 50	10. 05	8. 72	7. 77	7. 97	7. 76	8. 17
专科	12. 49	12. 53	12. 68	11. 85	11. 48	11. 34	11. 94
网络本专科生	11. 19	11. 42	12. 00	13. 37	13. 54	14. 92	15. 10
本科	5. 01	4. 71	4. 58	4. 74	4. 76	5. 13	5. 33
专科	6. 18	6. 71	7. 41	8. 64	8. 79	9. 79	9. 77

资料来源：根据表 3-1 数据计算结果。

普通本专科毕业生占我国高校毕业生总数的 60%左右。虽然毕业生总量在逐年增加，但普通本专科毕业生份额在持续下降，从 2007 年的 63. 54%下降到 2013 年的 59. 93%。这其中普通专科毕业生份额下降较为明显，本科生毕业生份额有所提高。

2007~2013 年，成人本专科毕业生占我国高校毕业生总数的比例略有下降，在 20%的区间波动，其中成人本科毕业生份额稳定在 8%附近，成人专科毕业生份额12%左右。

网络本专科生毕业生近年来增长迅速，占我国高校毕业生总数的比例也大幅度提高，从2007年的11.19%提高到2013年的15.10%。其中，网络专科毕业生份额从6.18%提高到9.77%，增长速度非常快；网络本科毕业生份额则基本稳定在5%左右。

一般而言，发达国家的本科生、硕士生和博士生的比例是25：10：1，而根据表3-4数据，2007年我国高等院校本科生、硕士生和博士生的比例52：7：1，2013年这一比例进一步扩大到63：9：1。这一方面说明我国研究生规模依旧较低，另一方可以看出硕士和博士比例正在趋于合理。

2007~2013年，我国高校研究生毕业生中，博士所占比例逐步下降，到2013年已接近10%。普通本专科毕业生中，普通本科比例逐年上升，2012年开始超过普通专科毕业生人数。而成本本专科中，成人本科和成人专科的比例基本保持稳定；在网络本专科中，网络专科的比例在2013年已经达到64.71%（表3-5）。

表3-5 2007~2013年我国高等院校各层次毕业生占比情况 （%）

毕业生	2007年	2008年	2009年	2010年	2011年	2012年	2013年
研究生	100.00	100.00	100.00	100.00	100.00	100.00	100.00
博士	12.69	13.11	12.77	11.70	10.63	10.35	10.01
硕士	87.31	86.89	87.23	88.30	89.37	89.65	89.99
普通本专科	100.00	100.00	100.00	100.00	100.00	100.00	100.00
本科	44.08	46.23	45.02	45.98	48.64	50.10	51.77
专科	55.92	53.77	54.98	54.02	51.36	49.90	48.23
成人本专科	100.00	100.00	100.00	100.00	100.00	100.00	100.00
本科	40.48	44.52	40.75	39.62	40.99	40.60	40.64
专科	59.52	55.48	59.25	60.38	59.01	59.40	59.36
网络本专科生	100.00	100.00	100.00	100.00	100.00	100.00	100.00
本科	44.79	41.23	38.22	35.42	35.12	34.39	35.29
专科	55.21	58.77	61.78	64.58	64.88	65.61	64.71

资料来源：根据表3-1数据计算结果。

3.1.2 招生规模、结构与发展趋势

2007~2013年，研究生招生人数从446422人提高到621323人，年均增长6.84%。其中，博士招生人数从59764人增长到72634人，年均增幅为3.98%；硕士招生人数从386658人增长到548689人，年均增幅达到7.25%（表3-6）。

表 3-6 2007~2013 年我国高等院校各层次招生数 （人）

毕业生	2007 年	2008 年	2009 年	2010 年	2011 年	2012 年	2013 年	年均增长/%
研究生	446422	510953	538177	560168	589673	611381	621323	6.84
博士	59764	61911	63762	65559	68370	70462	72634	3.98
硕士	386658	449042	474415	494609	521303	540919	548689	7.25
普通本专科	6076612	6394932	6617551	6815009	6888336	6998330	7213987	3.49
本科	2970601	3261081	3512563	3566411	3740574	3814331	3834152	5.24
专科	3106011	3133851	3104988	3248598	3147762	3183999	3379835	1.70
成人本专科	2025552	2014776	2084259	2185141	2439551	2564934	2656040	5.57
本科	831362	815795	853319	897241	984817	1038158	1102409	5.81
专科	1194190	1198981	1230940	1287900	1454734	1526776	1553631	5.40
网络本专科生	1472194	1625687	1663655	1871519	1964468	2200729	2061852	6.97
本科	535914	551287	555789	643993	696698	804378	781445	7.84
专科	936280	1074400	1107866	1227526	1267770	1396351	1280407	6.46

资料来源：历年《中国教育统计年鉴》。

普通本专科招生人数从 2007 年的 6076612 人提高到 2013 年的 7213987 人，年均增幅 3.49%。其中，本科招生人数从 2970601 人增长到 3834152 人，年均增幅为 5.24%；专科招生人数从 3106011 人增长到 3379835 人，年均增幅仅为 1.70%。由此可见，近年来我国高校普通本专科招生规模的增长主要同样是因为本科招生人数的提高造成的。如图 3-3 所示。从增长的速度来看，普通本专科招生年均增幅低于研究生年均增幅，普通本科招生年均增幅低于硕士研究生增幅。

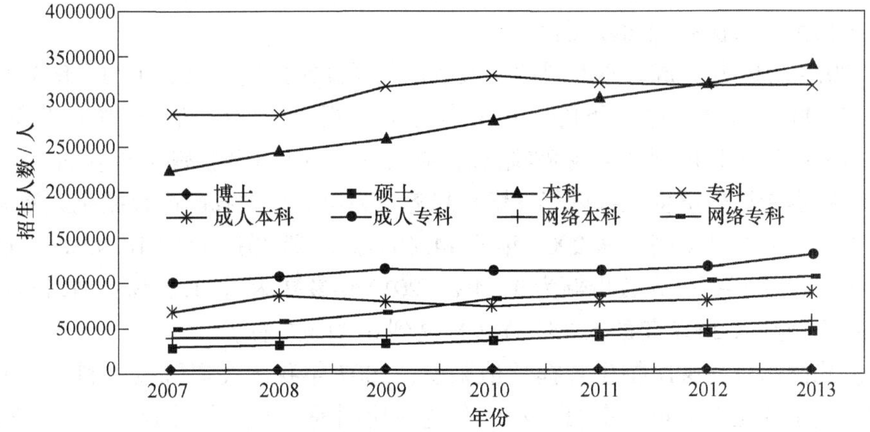

图 3-3 我国各层次高校招生人数（2007~2013 年）

2007~2009 年，我国研究生占高校总体招生规模的比例迅速提高，从 2007 年的 4. 45%提升到 2009 年 4. 94%。而此后 2010~2013 年，我国研究生招生规模基本保持稳定。其中，硕士研究生招生份额也具有如上特征。2007~2013 年，我国高校博士招生份额始终非常稳定。见表 3–7。

表 3–7 2007~2013 年我国高等院校各层次毕业生占比情况 （%）

毕业生	2007 年	2008 年	2009 年	2010 年	2011 年	2012 年	2013 年
研究生	4. 45	4. 84	4. 94	4. 90	4. 96	4. 94	4. 95
博士	0. 60	0. 59	0. 58	0. 57	0. 58	0. 57	0. 58
硕士	3. 86	4. 26	4. 35	4. 33	4. 39	4. 37	4. 37
普通本专科	60. 64	60. 64	60. 69	59. 61	57. 97	56. 55	57. 47
本科	29. 64	30. 92	32. 21	31. 20	31. 48	30. 82	30. 54
专科	31. 00	29. 72	28. 48	28. 42	26. 49	25. 73	26. 92
成人本专科	20. 21	19. 10	19. 12	19. 11	20. 53	20. 73	21. 16
本科	8. 30	7. 74	7. 83	7. 85	8. 29	8. 39	8. 78
专科	11. 92	11. 37	11. 29	11. 27	12. 24	12. 34	12. 38
网络本专科生	14. 69	15. 41	15. 26	16. 37	16. 53	17. 78	16. 42
本科	5. 35	5. 23	5. 10	5. 63	5. 86	6. 50	6. 23
专科	9. 34	10. 19	10. 16	10. 74	10. 67	11. 28	10. 20

资料来源：根据表 3–4 数据计算结果。

普通本专科招生人数占我国高校招生总额的 60%左右。虽然招生人数总量在逐年增加，但 2009 年之后普通本专科招生人数份额略有下降，从 2009 年的 60. 69%下降到 2013 年的 57. 47%。这其中普通专科招生人数份额下降较为明显，本科生招生人数份额变动幅度较小。

2007~2013 年，成人本专科招生人数占我国高校招生总数的比例呈现 U 形变动，在 2007~2010 年略有下降，2010 年之后，招生人数份额又开始逐步提升。成人本科招生人数份额稳定在 8%附近，成人专科招生人数份额 12%左右。

网络本专科生招生人数近年来增长趋势较为明显，占我国高校招生人数总数的比例有较大幅度提高，从 2007 年的 14. 69%提高到 2013 年的 16. 42%。其中，2007 年网络专科招生人数份额为 9. 34%，2012 年最高达到 11. 28%；网络本科招生人数份额则从 2007 年的 5. 35%逐步提高到 6. 23%左右。

从我国高校各层次招生规模比值来看，2007 年我国高等院校本科生、硕士生和博士生的比例为 49：6：1，2013 年这一比例进一步扩大到 52：7：1。本科–研究生比例从 2007 年的 6. 65 下降到 2013 年的 6. 17（表 3–8）。

表 3-8 我国高校各层次招生规模比例

招生比例	2007 年	2008 年	2009 年	2010 年	2011 年	2012 年	2013 年
本科-研究生比例	6.65	6.38	6.53	6.37	6.33	6.24	6.17
本科-硕士比例	7.68	7.26	7.40	7.21	7.17	7.05	6.99
硕士-博士比例	6.43	7.22	7.50	7.60	7.57	7.67	7.53

资料来源：根据表 3-6 数据计算结果。

这说明我国研究生规模正在逐步提升，但与发达国家 2.5∶1 相比依然有明显差距。硕士-博士比例则从 2007 年的 6.43 提高到 2013 年的 7.53，结构继续优化，但同样，与发达国家 10∶1 的硕士-博士比相比，我国依然需要提高硕士研究生规模。

3.1.3 在校生规模、结构与发展趋势

2007~2013 年，我国高校研究生在校人数从 1283046 人提高到 1847689 人，年均增长 6.27%。其中，博士在校人数从 236617 人增长到 312676 人，年均增幅为 4.76%；硕士在校人数从 1046429 人增长到 1535013 人，年均增幅达到 6.59%。见表 3-9。普通本专科在校人数年均增幅为 3.94%，成人本专科在校人数年均增幅仅有 2.96%。增幅较大的是网络本科，尤其是网络专科在校生规模年均增幅达到了 11.36%。

表 3-9 2007~2013 年我国高校在校生数 （人）

在校生	2007 年	2008 年	2009 年	2010 年	2011 年	2012 年	2013 年	年均增长/%
研究生	1283046	1404942	1538416	1645845	1719818	1793953	1847689	6.27
博士	236617	246319	258950	271261	283810	298283	312676	4.76
硕士	1046429	1158623	1279466	1374584	1436008	1495670	1535013	6.59
普通本专科	20210249	21446570	22317929	23085078	23913155	24680726	25476999	3.94
本科	11042207	11798511	12656132	13496577	14270888	14944353	15410653	5.71
专科	9168042	9648059	9661797	9588501	9642267	9736373	10066346	1.57
成人本专科	5482949	5413513	5360388	5474962	5831123	6264145	6531212	2.96
本科	2352832	2256662	2250457	2336132	2475495	2654596	2797917	2.93
专科	3130117	3156851	3109931	3138830	3355628	3609549	3733295	2.98
网络本专科生	3558950	4172721	4531443	4924833	5704112	6146406	6314472	10.03
本科	1446709	1572642	1640403	1754760	2002698	2175100	2287010	7.93
专科	2112241	2600079	2891040	3170073	3701414	3971306	4027462	11.36

资料来源：历年《中国教育统计年鉴》。

3.2　学科结构现状与趋势

学科结构是指不同学科领域的高等教育的构成状态。本节对我国高等教育的学科结构进行分析，剖析研究生、本科生的学科分布情况，并展开对比分析。

3.2.1　研究生学科结构与发展趋势

近年来，我国研究生规模逐步扩大，毕业生人数增长迅速。2013 年，我国研究生毕业生人数达到 528797 人，较 2001 年增长 554.12%，年均增长率达到 16.94%，见表 3-10。这其中，教育学年均增长 25.27%，提高速度最高，哲学年均增长 10.9%，历史学年均增长 11.6%，增长较慢，其他学科增长率都在 14%以上。

工学在我国高校研究生毕业生学科分布中占据较大比例，2001~2013 年虽然比例持续下降，但占我国高校研究生毕业生的份额始终都在 30%以上。其次是管理学、医学和理学，在我国高校研究生毕业生中的比例均在 10%左右。见表 3-11。

从变化趋势来看，管理学在 2001~2008 年研究生毕业生的份额处于下降趋势，2008 年之后份额又开始逐步提升。医学则相对较为稳定，在考察期间从 10.73%略微增加到 11.80%。而理学的比例则在逐步下降，从 12.20%逐步下降到 9.44%。

分层次来看，博士毕业生的规模近年来也增长迅速，从 2001 年的 14638 人提高到 2013 年的 52290 人，年均增长率达到 11.19%，见表 3-12。这其中，军事学增长最快，年均增长 13.56%，其次是教育学、法学和管理学等，年均增长幅度也超过 12%。哲学、历史学、经济学增长相对较慢。

从学科分布比例来看，工学同样是我国高校博士毕业生人数最多的学科，占到总额的 30%以上，其次是理学，毕业生比例在基本都在 15%以上。医学的毕业生份额也较高，占我国高校博士毕业生总额的 15%左右。而管理学毕业生的比例仅为 5%左右。

从学科分布比例的变化趋势来看，哲学、经济学、历史学等学科博士毕业生占比在 2001~2013 年间处于下降趋势；教育学、文学、教育学、工学、军事学、管理学等学科博士毕业生占比先提高后下降；法学博士毕业生的比例在逐年提高提高；理学、医学等学科博士毕业生份额先下降后提升（表 3-13）。

2001~2013 年，我国硕士毕业生人数从 66203 提高到 476507 人，年均增长率高达 17.88%。这其中，在教育学硕士毕业生人数从 1717 人增加到 28092 人，年均增幅最快，达到 26.23%；法学、医学、农学和军事学硕士毕业生人数年均增幅均超过 18%；哲学、历史学毕业生人数增长相对较慢（表 3-14）。

表 3-10 2001~2013 年我国高校研究生毕业生专业分布及趋势 （人）

专业	2001 年	2002 年	2003 年	2004 年	2005 年	2006 年	2007 年	2008 年	2009 年	2010 年	2011 年	2012 年	2013 年	年增长/%
总计	80841	111091	143813	181072	245484	299614	331323	357345	369827	415687	476019	502426	528797	16. 94
哲学	1223	1562	1782	2158	2993	3622	4175			4708	4760	4401	4234	10. 90
经济学	4433	6578	7786	10506	14307	16748	17614	17812	18629	19232	19828	22790	25606	15. 74
法学	5139	7484	10797	13778	19056	22140	23849	21269	25625	36451	40093	39571	38596	18. 30
教育学	1946	2764	4243	5065	7738	9820	12127	13356	13497	19706	23420	24890	29063	25. 27
文学	5157	7426	10385	13207	19944	24880	28038	31400	33386	37496	29586	31484	31651	16. 32
历史学	1395	1926	2355	2609	3438	4348	4908	5008	4781	5258	5352	5193	5206	11. 60
理学	9866	13220	14916	18748	25185	30918	34380	36813	38650	42711	47302	47020	48465	14. 18
工学	30078	41337	53297	69473	90547	109698	117894	124847	123337	139653	164447	171966	182088	16. 19
农学	2790	3849	5009	5832	8554	10806	12333	12859	13420	12164	15573	16625	18671	17. 16
医学	8677	12207	15727	18922	25761	31694	36696	33995	34914	48342	55252	57798	60563	17. 58
军事学	33	32	59	111	115	162	195	188	211	209	205	222	228	17. 48
管理学	10104	12706	17457	20663	27846	34778	39114	31110	32225	49757	58274	65337	69083	17. 37

资料来源：历年《中国教育统计年鉴》。

表 3-11 2001~2013 年我国高校研究生毕业生学科分布比例 (%)

专业	2001 年	2002 年	2003 年	2004 年	2005 年	2006 年	2007 年	2008 年	2009 年	2010 年	2011 年	2012 年	2013 年
哲学	1.51	1.41	1.24	1.19	1.22	1.21	1.26	0.00	0.00	1.13	1.03	0.90	0.82
经济学	5.48	5.92	5.41	5.80	5.83	5.59	5.32	5.42	5.50	4.63	4.27	4.68	4.99
法学	6.36	6.74	7.51	7.61	7.76	7.39	7.20	6.47	7.57	8.77	8.64	8.12	7.52
教育学	2.41	2.49	2.95	2.80	3.15	3.28	3.66	4.06	3.99	4.74	5.05	5.11	5.66
文学	6.38	6.68	7.22	7.29	8.12	8.30	8.46	9.55	9.86	9.02	6.38	6.46	6.16
历史学	1.73	1.73	1.64	1.44	1.40	1.45	1.48	1.52	1.41	1.26	1.15	1.07	1.01
理学	12.20	11.90	10.37	10.35	10.26	10.32	10.38	11.20	11.41	10.27	10.19	9.65	9.44
工学	37.21	37.21	37.06	38.37	36.89	36.61	35.58	37.99	36.42	33.60	35.43	35.29	35.46
农学	3.45	3.46	3.48	3.22	3.48	3.61	3.72	3.91	3.96	2.93	3.36	3.41	3.64
医学	10.73	10.99	10.94	10.45	10.49	10.58	11.08	10.34	10.31	11.63	11.91	11.86	11.80
军事学	0.04	0.03	0.04	0.06	0.05	0.05	0.06	0.06	0.06	0.05	0.04	0.05	0.04
管理学	12.50	11.44	12.14	11.41	11.34	11.61	11.81	9.47	9.52	11.97	12.56	13.41	13.45

表 3-12 2001~2013 年博士研究所毕业生数学科分布及趋势 （人）

专业	2001 年	2002 年	2003 年	2004 年	2005 年	2006 年	2007 年	2008 年	2009 年	2010 年	2011 年	2012 年	2013 年	年增长/%
总计	14638	18806	20607	24035	31653	36270	38111	42903	43214	44464	48138	49405	52290	11. 19
哲学	281	348	365	397	486	514	533			714	708	677	647	7. 20
经济学	837	1204	1188	1433	1849	1955	2080	2280	2193	2171	2136	2124	2054	7. 77
法学	663	770	922	1078	1584	1767	1843	2112	2289	2388	2663	2685	2678	12. 34
教育学	229	307	392	437	611	797	853	894	822	889	1008	938	971	12. 79
文学	643	837	1000	1183	1610	1832	1948	2042	2057	2176	1926	1918	1857	9. 24
历史学	315	454	454	540	582	711	763	807	804	817	774	797	775	7. 79
理学	2808	3705	3001	3532	4743	5384	5964	6632	6624	7019	8258	8855	10780	11. 86
工学	5252	6573	7262	8377	10879	12852	13593	15524	15701	15804	16759	17162	18151	10. 89
农学	626	756	910	994	1410	1712	1735	1806	1771	2029	2143	2195	2202	11. 05
医学	2166	2825	3601	4169	5292	5708	5569	5390	5545	6777	7588	8006	8326	11. 87
军事学	5	6	13	22	35	22	23	21	23	34	33	16	23	13. 56
管理学	813	1021	1499	1873	2572	3016	3207	3645	3628	3646	3759	3626	3415	12. 70

资料来源：历年《中国教育统计年鉴》。

表 3–13 2001～2013 年我国高校博士毕业生学科分布比例

（%）

专业	2001年	2002年	2003年	2004年	2005年	2006年	2007年	2008年	2009年	2010年	2011年	2012年	2013年
哲学	1.92	1.85	1.77	1.65	1.54	1.42	1.40	0.00	0.00	1.61	1.48	1.38	1.25
经济学	5.72	6.40	5.77	5.96	5.84	5.39	5.46	5.54	5.29	4.88	4.47	4.33	3.96
法学	4.53	4.09	4.47	4.49	5.00	4.87	4.84	5.13	5.52	5.37	5.58	5.48	5.16
教育学	1.56	1.63	1.90	1.82	1.93	2.20	2.24	2.17	1.98	2.00	2.11	1.91	1.87
文学	4.39	4.45	4.85	4.92	5.09	5.05	5.11	4.96	4.96	4.89	4.03	3.91	3.58
历史学	2.15	2.41	2.20	2.25	1.84	1.96	2.00	1.96	1.94	1.84	1.62	1.63	1.49
理学	19.18	19.70	14.56	14.70	14.98	14.84	15.65	16.12	15.98	15.79	17.29	18.07	20.78
工学	35.88	34.95	35.24	34.85	34.37	35.43	35.67	37.72	37.87	35.54	35.09	35.03	34.99
农学	4.28	4.02	4.42	4.14	4.45	4.72	4.55	4.39	4.27	4.56	4.49	4.48	4.24
医学	14.80	15.02	17.47	17.35	16.72	15.74	14.61	13.10	13.38	15.24	15.89	16.34	16.05
军事学	0.03	0.03	0.06	0.09	0.11	0.06	0.06	0.05	0.06	0.08	0.07	0.03	0.04
管理学	5.55	5.43	7.27	7.79	8.13	8.32	8.41	8.86	8.75	8.20	7.87	7.40	6.58

表 3-14 2001~2013 年硕士毕业生数学科分布及趋势

（人）

专业	2001 年	2002 年	2003 年	2004 年	2005 年	2006 年	2007 年	2008 年	2009 年	2010 年	2011 年	2012 年	2013 年	年增长/%
总计	66203	92241	100000	157037	213831	263344	293212	314442	326613	371223	427881	453021	476507	17. 88
哲学	942	1214	1417	1761	2507	3108	3642			3994	4052	3724	3587	11. 79
经济学	3596	5374	6598	9073	12458	14793	15534	15532	16436	17061	17692	20666	23552	16. 95
法学	4476	6714	9875	12700	17472	20373	22006	19157	23336	34063	37430	36886	35918	18. 95
教育学	1717	2457	3851	4628	7127	9023	11274	12462	12675	18817	22412	23952	28092	26. 23
文学	4514	6589	9385	12024	18334	23048	26090	29358	31329	35320	27660	29566	29794	17. 03
历史学	1080	1472	1901	2069	2856	3637	4145	4201	3977	4441	4578	4396	4431	12. 48
理学	7058	9515	11915	15216	20442	25534	28416	30181	32026	35692	39044	38165	37685	14. 98
工学	24826	34764	46035	61096	79668	96846	104301	109323	107636	123849	147688	154804	163937	17. 03
农学	2164	3093	4099	4838	7144	9094	10598	11053	11649	10135	13430	14430	16469	18. 43
医学	6511	9382	12126	14753	20469	25986	31127	28605	29369	41565	47664	49792	52237	18. 95
军事学	28	26	46	89	80	140	172	167	188	175	172	206	205	18. 05
管理学	9291	11641	15958	18790	25274	31762	35907	27465	28597	46111	54515	61711	65668	17. 70

资料来源：历年《中国教育统计年鉴》。

从学科分布比例来看，工学同样是我国高校硕士毕业生人数最多的学科，占到总额的35%以上，其次是管理学、理学和医学，毕业生比例基本在10%上下。军事学、哲学和历史学硕士毕业生占总体的比例相对较低。

从学科分布比例的变化趋势来看，理学、工学、哲学、历史学等学科硕士毕业生占比在2001~2013年间处于下降趋势；文学学科硕士毕业生占比先提高后下降；教育学、法学硕士毕业生的比例在逐年提高提高；管理学、医学等学科硕士毕业生份额先下降后提升（表3-15）。

表3-15　2001~2013年我国高校硕士毕业生学科分布比例　（%）

专业	2001年	2002年	2003年	2004年	2005年	2006年	2007年	2008年	2009年	2010年	2011年	2012年	2013年
哲学	1.42	1.32	1.15	1.12	1.17	1.18	1.24	0.00	0.00	1.08	0.97	0.85	0.78
经济学	5.43	5.83	5.36	5.78	5.83	5.62	5.30	5.40	5.53	4.60	4.25	4.72	5.10
法学	6.76	7.28	8.02	8.09	8.17	7.74	7.51	6.66	7.85	9.18	8.99	8.42	7.78
教育学	2.59	2.66	3.13	2.95	3.33	3.43	3.84	4.33	4.26	5.07	5.38	5.46	6.09
文学	6.82	7.14	7.62	7.66	8.57	8.75	8.90	10.21	10.54	9.51	6.64	6.75	6.45
历史学	1.63	1.60	1.54	1.32	1.34	1.38	1.41	1.46	1.34	1.20	1.10	1.00	0.96
理学	10.66	10.32	9.67	9.69	9.56	9.70	9.69	10.50	10.78	9.61	9.38	8.71	8.16
工学	37.50	37.69	37.36	38.91	37.26	36.78	35.57	38.02	36.21	33.36	35.47	35.32	35.52
农学	3.27	3.35	3.33	3.08	3.34	3.45	3.61	3.84	3.92	2.73	3.23	3.29	3.57
医学	9.83	10.17	9.84	9.39	9.57	9.87	10.62	9.95	9.88	11.20	11.45	11.36	11.32
军事学	0.04	0.03	0.04	0.06	0.04	0.05	0.06	0.06	0.06	0.05	0.04	0.05	0.04
管理学	14.03	12.62	12.95	11.97	11.82	12.06	12.25	9.55	9.62	12.42	13.09	14.08	14.23

总体来看，2001~2013年，我国高校研究生毕业生中，教育学增长最快，尤其是教育学硕士毕业生人数增幅高达26.23%，法学、医学、军事学和管理学等学科的研究生毕业生的增速也非常高（表3-16）。

表3-16　2001~2013年我国研究生分层次各学科毕业生人数年均增长率（%）

专业	总体	博士	硕士	博士/硕士
总计	16.94	11.19	17.88	0.63
哲学	10.90	7.20	11.79	0.61
经济学	15.74	7.77	16.95	0.46
法学	18.30	12.34	18.95	0.65
教育学	25.27	12.79	26.23	0.49
文学	16.32	9.24	17.03	0.54
历史学	11.60	7.79	12.48	0.62
理学	14.18	11.86	14.98	0.79

续表 3-16

专业	总体	博士	硕士	博士/硕士
工学	16.19	10.89	17.03	0.64
农学	17.16	11.05	18.43	0.60
医学	17.58	11.87	18.95	0.63
军事学	17.48	13.56	18.05	0.75
管理学	17.37	12.70	17.70	0.72

注：阴影部分表示该学科增长率排名前四。

对比来看，2001~2013 年，不论是总体还是分学科，我国博士研究生毕业人数年均增长率均低于硕士研究生。其中，理学、军事学和管理学的毕业生年均增长率较为接近，博士毕业生年均增幅为硕士毕业生年均增幅的 0.7 以上。而经济学、教育学博士研究生毕业生年均增幅不到硕士毕业生增长率的一半。

如果将各学科博士毕业生占总体的比例除以各学科硕士毕业生占总体的比例，得到博士-硕士毕业生学科分布比，就能看出博士毕业生和硕士毕业生在学科分布上的差别（表 3-17）。如果比值大于 1，表示该学科博士毕业生份额高于硕士毕业生份额。

表 3-17　2001~2013 年博士-硕士毕业生学科分布比

学科	2001 年	2002 年	2003 年	2004 年	2005 年	2006 年	2007 年	2008 年	2009 年	2010 年	2011 年	2012 年	2013 年
哲学	1.35	1.40	1.54	1.47	1.32	1.20	1.13			1.49	1.53	1.62	1.60
经济学	1.05	1.10	1.08	1.03	1.00	0.96	1.03	1.03	0.96	1.06	1.05	0.92	0.78
法学	0.67	0.56	0.56	0.56	0.61	0.63	0.64	0.77	0.70	0.58	0.62	0.65	0.66
教育学	0.60	0.61	0.61	0.62	0.58	0.64	0.58	0.50	0.46	0.39	0.39	0.35	0.31
文学	0.64	0.62	0.64	0.64	0.59	0.58	0.57	0.49	0.47	0.51	0.61	0.58	0.56
历史学	1.32	1.51	1.43	1.70	1.37	1.42	1.42	1.34	1.45	1.53	1.47	1.63	1.55
理学	1.80	1.91	1.51	1.52	1.57	1.53	1.62	1.54	1.48	1.64	1.84	2.07	2.55
工学	0.96	0.93	0.94	0.90	0.92	0.96	1.00	0.99	1.05	1.07	0.99	0.99	0.99
农学	1.31	1.20	1.33	1.34	1.33	1.37	1.26	1.14	1.09	1.67	1.39	1.36	1.19
医学	1.51	1.48	1.78	1.85	1.75	1.59	1.38	1.32	1.35	1.36	1.39	1.44	1.42
军事学	0.75	1.00	1.50	1.50	2.75	1.20	1.00	0.83	1.00	1.60	1.75	0.60	1.00
管理学	0.40	0.43	0.56	0.65	0.69	0.69	0.69	0.93	0.91	0.66	0.60	0.53	0.46

注：博士-硕士毕业生学科分布比为各学科博士毕业生占总体的比例/各学科硕士毕业生占总体的比例。

从表 3-17 可看出，哲学、历史学、理学、农学、医学等学科博士-硕士毕业生份额比大于 1，说明这些学科在博士阶段的配比高于硕士阶段；而法学、教育学和管理学等学科博士-硕士毕业生份额比小于 1，博士毕业生在这些学科上的比例小于相应的硕士毕业生。

3.2.2 本科生学科结构与发展趋势

自扩招以来，我国高校毕业生规模增长迅速。本科毕业生人数从 2001 年 929598 人提高到 2013 年 3413787 人，增长了 2.67 倍，年均增幅达到 11.45%。这其中，管理学、经济学的扩张最为迅速，分别提高了 4.27 倍和 3.22 倍，年均增幅分别达到 14.85%和 12.75%。教育学、医学和工学的年均增幅也在 10%以上（表 3-18）。

表 3-18 2001~2013 年本科毕业生学科分布及趋势 （人）

年份	总计	哲学	经济学	法学	教育学	文学	历史学	理学	工学	农学	医学	管理学
2001	929598	1127	48878	52756	30977	126087	8791	103409	351537	29758	55927	120351
2002	1196290	1239	61758	63334	40164	168738	10176	134164	442463	34078	81098	159078
2003	1465786	1275	80710	76140	50342	226903	10694	163076	517225	35419	96011	207991
2004	218303		256	2213	918	8228	158	2988	1045		1777	1310
2005	1726674	1417	104665	91596	61740	283404	10605	194807	575634	36740	107210	258856
2006	1995944	1325	126807	105964	72408	345792	12316	228090	633744	43270	122815	303413
2007	2256783	1610	141475	116100	80937	406946	12732	251610	704604	45649	139105	356015
2008	2455359	1652	150666	117182	86705	458761	13544	264494	763635	46847	152392	399481
2009	1256011	1952	158286	114588	90327	487520	13713	269053	813218	48442	162401	431035
2010	2796229	2167	172583	117923	95140	537958	14309	279101	884542	51148	168582	472776
2011	3038473	2038	188257	121634	103884	588198	15588	294060	964583	53789	178085	528357
2012	3199716	2034	193530	122676	104691	355662	15773	248790	1058768	58752	192344	575152
2013	3413787	1943	206239	129800	112424	362972	16866	255304	1132226	59796	209748	633878
增幅/倍	2.67	0.72	3.22	1.46	2.63	1.88	0.92	1.47	2.22	1.01	2.75	4.27
年均/%	11.45	4.64	12.75	7.79	11.34	9.21	5.58	7.82	10.24	5.99	11.65	14.85

资料来源：历年《中国教育统计年鉴》。

从学科分布来看，工学始终在本科毕业生中比例最大，占到 30%以上。文学、理学和管理学的毕业生比例也在 10%左右，而哲学、历史学和农学毕业生人数相对较少。

从变动趋势（表 3-19）来看，2001~2013 年，经济学、管理学本科毕业生的比例在逐年上升；法学、历史学、理学等学科毕业生比例处于下降趋势；教育学、医学等学科毕业生比例基本稳定；文学等学科毕业生比例先上升后提高；工学等学科毕业生比例先下降，近年来又逐步提升。

表 3-19　2001~2013 年本科毕业生各学科分布比例　　(%)

学科	2001 年	2002 年	2003 年	2004 年	2005 年	2006 年	2007 年	2008 年	2009 年	2010 年	2011 年	2012 年	2013 年
哲学	0.12	0.10	0.09	0.00	0.08	0.07	0.07	0.07	0.08	0.08	0.07	0.07	0.06
经济学	5.26	5.16	5.51	1.35	6.06	6.35	6.27	6.14	6.11	6.17	6.20	6.61	6.61
法学	5.68	5.29	5.19	11.71	5.30	5.31	5.14	4.77	4.42	4.22	4.00	4.19	4.16
教育学	3.33	3.36	3.43	4.86	3.58	3.63	3.59	3.53	3.49	3.40	3.42	3.58	3.60
文学	13.56	14.11	15.48	43.55	16.41	17.32	18.03	18.68	18.82	19.24	19.36	12.15	11.63
历史学	0.95	0.85	0.73	0.84	0.61	0.62	0.56	0.55	0.53	0.51	0.51	0.54	0.54
理学	11.12	11.22	11.13	15.82	11.28	11.43	11.15	10.77	10.39	9.98	9.68	8.50	8.18
工学	37.82	36.99	35.29	5.53	33.34	31.75	31.22	31.10	31.39	31.63	31.75	36.16	36.28
农学	3.20	2.85	2.42	0.00	2.13	2.17	2.02	1.91	1.87	1.83	1.77	2.01	1.92
医学	6.02	6.78	6.55	9.41	6.21	6.15	6.16	6.21	6.27	6.03	5.86	6.57	6.72
管理学	12.95	13.30	14.19	6.93	14.99	15.20	15.78	16.27	16.64	16.91	17.39	19.64	20.31

将各学科硕士毕业生占总体的比例除以各学科本科毕业生占总体的比例，得到硕士本科毕业生学科分布比，就能看出硕士毕业生和本科毕业生在学科分布上的差别，见表 3-20。如果比值大于 1，表示该学科硕士毕业生份额高于本科毕业生份额。

表 3-20　2001~2013 年硕士本科学科分布比

学科	2001 年	2002 年	2003 年	2004 年	2005 年	2006 年	2007 年	2008 年	2009 年	2010 年	2011 年	2012 年	2013 年
哲学	11.83	13.20	12.78		14.63	16.86	17.71	0.00	0.00	13.50	13.86	12.14	13.00
经济学	1.03	1.13	0.97	4.28	0.96	0.89	0.85	0.88	0.91	0.75	0.69	0.71	0.77
法学	1.19	1.38	1.55	0.69	1.54	1.46	1.46	1.40	1.78	2.18	2.25	2.01	1.87
教育学	0.78	0.79	0.91	0.61	0.93	0.94	1.07	1.23	1.22	1.49	1.57	1.53	1.69
文学	0.50	0.51	0.49	0.18	0.52	0.51	0.49	0.55	0.56	0.49	0.34	0.56	0.55
历史学	1.72	1.88	2.11	1.57	2.20	2.23	2.52	2.65	2.53	2.35	2.16	1.85	1.78
理学	0.96	0.92	0.87	0.61	0.85	0.85	0.87	0.97	1.04	0.96	0.97	1.02	1.00
工学	0.99	1.02	1.06	7.04	1.12	1.16	1.14	1.22	1.15	1.05	1.12	0.98	0.98
农学	1.02	1.18	1.38		1.57	1.59	1.79	2.01	2.10	1.49	1.82	1.64	1.86
医学	1.63	1.50	1.50	1.00	1.54	1.60	1.72	1.60	1.58	1.86	1.95	1.73	1.68
管理学	1.08	0.95	0.91	1.73	0.79	0.79	0.78	0.59	0.58	0.73	0.75	0.72	0.70

从表3-20可看出，哲学、法学、历史学、农学、医学等学科博硕士本科毕业生份额比大于1，说明这些学科在硕士阶段的配比高于本科阶段。而文学、理学等学科硕士本科毕业生份额比小于1，硕士毕业生在这些学科上的比例小于相应的本科专业毕业生。而经济学硕士毕业生先高于、后低于本科专业毕业生；教育学硕士毕业生先低于后高于专业毕业生。

总体来看，我国研究生规模依旧较低，另一方可以看出硕士和博士比例正在趋于合理。

4　我国产业结构：现状、趋势与问题

产业结构是指各产业的基本构成以及产业和产业之间的联系及比例等，表现为国民经济的部门结构，体现着社会各类生产资料的分配情况。国外对产业结构变迁的研究，主要包括“配第-克拉克（Petty-Clark）”法则[1]、钱纳里（Chenery）工业化标准模式论[2]等。下面，我们将对我国产业结构的基本情况进行分析。

4.1　我国产业结构

4.1.1　我国产业结构的三个阶段

我国产业结构的变化按时间段大致可以划分为三个大的阶段，分别是：1978~1984年“二一三”阶段、1984~2012年“二三一”阶段、2013年至今的“三二一”阶段。

4.1.1.1　“二一三”阶段（1978~1984年）

这个阶段是我国农村经济改革的重点阶段，生产承包责任制的引入使得农业生产家庭经营制的形式得到确认，以“政社合一”为基本特征的人民公社被乡政府和以自主经营为特征的农村合作经营组织取代，生产效率得到一定程度的释放。这一阶段三次产业总体格局是“二一三”，第二产业是国民经济支柱产业，比例接近国内生产总值的一半，其次是第一产业，最后是第三产业。这个阶段第一产业国内生产总值不断提高，占全国三次产业比重逐步提升，从1978年的28.2%提高到1983年的33.2%。第二产业、第三产业比例有所下降，分别从47.9%、23.9%下降到44.4%、22.4%，见表4-1。

---

[1] “Petty-Clark”法则，认为随着经济的发展，产业结构的重心将从第一产业向第二产业（第一阶段），然后向第三产业转移（第二阶段）。

[2] 钱纳里通过对世界各国产业结构变化的模式进行分析，发现随着人均收入的增加，第一产业比重会不断下降，第三产业比重呈持续上升趋势，而第二产业在工业化由初期阶段进入加速阶段时其产值比重快速上升，在工业化进入成熟阶段后其产值比重则缓慢上升，进而停滞，然后缓慢下降，呈倒U形曲线（Chenery，1960）。

表 4-1　1978~2013 年我国三次产业国内生产总值变动情况

年　份	国内生产总值/亿元				各产业比例/%		
	总额	第一产业	第二产业	第三产业	第一产业	第二产业	第三产业
1978	3645.2	1027.5	1745.2	872.5	28.2	47.9	23.9
1979	4062.6	1270.2	1913.5	878.9	31.3	47.1	21.6
1980	4545.6	1371.6	2192.0	982.0	30.2	48.2	21.6
1981	4891.6	1559.5	2255.5	1076.6	31.9	46.1	22.0
1982	5323.4	1777.4	2383.0	1163.0	33.4	44.8	21.8
1983	5962.7	1978.4	2646.2	1338.1	33.2	44.4	22.4
1984	7208.1	2316.1	3105.7	1786.3	32.1	43.1	24.8
1985	9016.0	2564.4	3866.6	2585.0	28.4	42.9	28.7
1986	10275.2	2788.7	4492.7	2993.8	27.1	43.7	29.1
1987	12058.6	3233.0	5251.6	3574.0	26.8	43.6	29.6
1988	15042.8	3865.4	6587.2	4590.3	25.7	43.8	30.5
1989	16992.3	4265.9	7278.0	5448.4	25.1	42.8	32.1
1990	18667.8	5062.0	7717.4	5888.4	27.1	41.3	31.5
1991	21781.5	5342.2	9102.2	7337.1	24.5	41.8	33.7
1992	26923.5	5866.6	11699.5	9357.4	21.8	43.5	34.8
1993	35333.9	6963.8	16454.4	11915.7	19.7	46.6	33.7
1994	48197.9	9572.7	22445.4	16179.8	19.9	46.6	33.6
1995	60793.7	12135.8	28679.5	19978.5	20.0	47.2	32.9
1996	71176.6	14015.4	33835.0	23326.2	19.7	47.5	32.8
1997	78973.0	14441.9	37543.0	26988.1	18.3	47.5	34.2
1998	84402.3	14817.6	39004.2	30580.5	17.6	46.2	36.2
1999	89677.1	14770.0	41033.6	33873.4	16.5	45.8	37.8
2000	99214.6	14944.7	45555.9	38714.0	15.1	45.9	39.0
2001	109655.2	15781.3	49512.3	44361.6	14.4	45.2	40.5
2002	120332.7	16537.0	53896.8	49898.9	13.7	44.8	41.5
2003	135822.8	17381.7	62436.3	56004.7	12.8	46.0	41.2
2004	159878.3	21412.7	73904.3	64561.3	13.4	46.2	40.4
2005	184937.4	22420.0	87598.1	74919.3	12.1	47.4	40.5
2006	216314.4	24040.0	103719.5	88554.9	11.1	47.9	40.9
2007	265810.3	28627.0	125831.4	111351.9	10.8	47.3	41.9
2008	314045.4	33702.0	149003.4	131340.0	10.7	47.4	41.8

续表 4-1

年　份	国内生产总值/亿元				各产业比例/%		
	总额	第一产业	第二产业	第三产业	第一产业	第二产业	第三产业
2009	340902. 8	35226. 0	157638. 8	148038. 0	10. 3	46. 2	43. 4
2010	401512. 8	40533. 6	187383. 2	173596. 0	10. 1	46. 7	43. 2
2011	473104. 0	47486. 2	220412. 8	205205. 0	10. 0	46. 6	43. 4
2012	519470. 1	52373. 6	235162. 0	231934. 5	10. 1	45. 3	44. 6
2013	568845. 2	56957. 0	249684. 4	262203. 8	10. 0	43. 9	46. 1

4. 1. 1. 2　第二阶段（1984~2012 年）

这个阶段我国经济改革的重心向城市中的企业转移，中心工作是从微观层面对国有制企业的经营管理效率进行改革。这一阶段总体特征是第二产业比例基本稳定，第三产业迅猛发展，国内生产总值结构从“二一三”转变为“二三一”，第三产业超越第一产业，成为国民经济第二大产业，如图 4-1 所示。

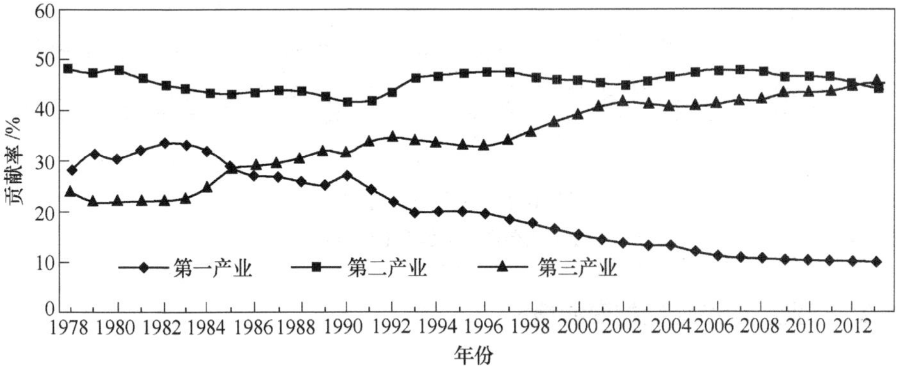

图 4-1　我国三次产业国内生产总值变动曲线（1978~2013 年）

具体来看，28 年的“二三一”产业结构阶段可以分为三个小阶段，即 1985~1991 年、1992~2002 年、2003~2012 年。

（1）1985~1991 年。这一阶段，第二产业比例略微下降，第三产业缓慢提升，二、三产业占国内生产总值比例差值逐步减少，反映在图形上，二、三产业曲线呈现椭圆形。

（2）1992~2002 年。这一阶段，第一产业下降趋势明显，第二产业、第三产业占国民经济比例交替上升，出现第二次口袋，出口在 2002 年比 1991 年第一次布袋出口更小。

（3）2003~2012 年。第一产业占国民经济比重下降到 10%左右，二、三产业占国内生产总值比例都在 40%~50%之间，差距进一步缩小。

4.1.1.3　第三阶段（2013 年至今）

2013 年，第三产业首次超越第二产业成为国民经济主导部门，国内生产总值结构出现“三二一”排列。

从三次产业对国民经济的贡献度来看，1990~2013 年，呈现第二产业总体下降、第三产业稳步提升、第一产业低位稳定的特征。在曲线形状上，与三次产业国内生产总值变动曲线类似，出现两个布袋，分别是 1990~2001 年、2002~2013 年，如图 4-2 所示。不同的是，从三次产业贡献度来看，第三产业在 2001 年首次超过第二产业。

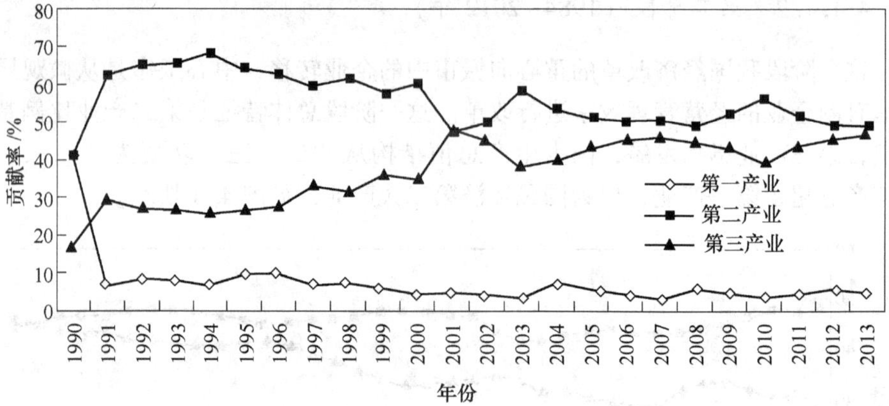

图 4-2　三次产业贡献率

（三次产业贡献率指各产业增加值增量与 GDP 增量之比）

4.1.2　工业部门产业结构变动情况

4.1.2.1　规模以上工业企业资产总额分布

2003~2013 年，我国工业部门规模以上企业资产总额增长迅速，从 2003 年 168807.70 亿元增长到 2013 年 850625.85 亿元，增长幅度超过 4 倍。见表 4-2。

从表 4-2 可以看出，规模以上工业部门中，电力、热力生产和供应业，黑色金属冶炼和压延加工业，化学原料和化学制品制造业，计算机、通信和其他电子设备，煤炭开采和洗选业，电气机械和器材制造业等行业资产总额位于前列。其中，电力、热力生产和供应业占规模以上工业企业资产总额的比例最高，近年来始终在 10%以上；其次是黑色金属冶炼和压延加工业，份额也在 8%左右。废弃资源综合利用业，非金属矿采选业，家具制造业等行业的资产总额在规模以上工业中占比较低，占规模以上工业企业资产总额的比例均不到 1%。

从变化趋势来看，煤炭开采和洗选业，黑色金属矿采选业，农副食品加工业等行业在2003~2013年资产占规模以上工业行业总资产比例保持增长，表中用黑色填充表示。其中，废弃资源综合利用业、黑色金属矿采选业等行业的资产总额份额增长较快，反映出近年来这些行业投资增长较快。

表4-2中，除去阴影部分外均表示在此期间这些行业占规模以上工业资产总额的比重下降。烟草制品业、纺织业、印刷和记录媒介复制业等行业资产总额份额下降明显。

表4-2　按行业分规模以上工业企业资产总额变动情况

行　业	资产总额/亿元			份额/%			
	2003年	2008年	2013年	2003年	2008年	2013年	年均增长
总计	168807.70	431305.55	850625.85	100	100	100	
煤炭开采和洗选业	5433.01	19457.74	48527.00	3.22	4.51	5.7	5.88
黑色金属矿采选业	472.65	3179.97	9371.31	0.28	0.74	1.1	14.66
有色金属矿采选业	614.19	2290.30	4620.55	0.36	0.53	0.54	4.14
农副食品加工业	4141.82	10977.17	26676.39	2.45	2.55	3.14	2.51
家具制造业	616.18	1941.24	4039.11	0.37	0.45	0.47	2.42
化学原料和化学制品制造业	10704.09	27567.51	59604.98	6.34	6.39	7.01	1.01
有色金属冶炼和压延加工业	4042.55	14130.88	31863.76	2.39	3.28	3.75	4.61
金属制品业	3256.63	9590.38	21390.04	1.93	2.22	2.51	2.66
专用设备制造业	4816.05	13538.50	29609.08	2.85	3.14	3.48	2.02
电气机械和器材制造业	7373.50	20747.85	46375.08	4.37	4.81	5.45	2.23
废弃资源综合利用业	26.03	548.95	1561.07	0.02	0.13	0.18	24.57
燃气生产和供应业	818.72	2201.69	5252.53	0.49	0.51	0.62	2.38
石油加工、炼焦和核燃料加工	3978.98	11698.91	23276.40	2.36	2.71	2.74	1.50
烟草制品业	2799.51	4428.50	7976.27	1.66	1.03	0.94	-5.53
纺织业	7801.29	15336.57	21663.78	4.62	3.56	2.55	-5.77
纺织服装、服饰业	2377.25	5655.88	11020.61	1.41	1.31	1.3	-0.81
造纸和纸制品业	3293.45	7448.77	12940.17	1.95	1.73	1.52	-2.46
印刷和记录媒介复制业	1370.88	2643.08	4306.46	0.81	0.61	0.51	-4.52
化学纤维制造业	1595.13	3366.01	6248.77	0.94	0.78	0.73	-2.50
计算机、通信和其他电子设备	12086.97	27012.93	50768.81	7.16	6.26	5.97	-1.80
电力、热力生产和供应业	25651.02	62237.94	99854.98	15.2	14.43	11.74	-2.55
水的生产和供应业	2149.02	4394.16	7313.75	1.27	1.02	0.86	-3.82
仪器仪表制造业	1524.04	3812.59	6509.13	0.9	0.88	0.77	-1.55
酒、饮料和精制茶制造业	3192.52	5946.24	12779.01	1.89	1.38	1.5	-2.28

续表 4–2

行　业	资产总额/亿元			份额/%			
	2003 年	2008 年	2013 年	2003 年	2008 年	2013 年	年均增长
非金属矿采选业	712.43	1330.02	2971.35	0.42	0.31	0.35	−1.81
食品制造业	2307.29	5244.05	11275.51	1.37	1.22	1.33	−0.30
皮革、毛皮、羽毛及其制品	1334.26	3025.09	6094.77	0.79	0.7	0.72	−0.92
文教、工美、体育和娱乐用品	711.59	1595.33	5916.07	0.42	0.37	0.7	5.24
医药制造业	4316.45	7881.96	18479.89	2.56	1.83	2.17	−1.64
非金属矿物制品业	7583.31	17927.36	40190.50	4.49	4.16	4.72	0.50
通用设备制造业	6604.64	19461.37	35102.96	3.91	4.51	4.13	0.55
石油和天然气开采业	4944.97	12806.58	18858.73	2.93	2.97	2.22	−2.74
木材加工和木竹藤棕草	906.91	2744.61	5110.50	0.54	0.64	0.6	1.06
黑色金属冶炼和压延加工业	12021.24	35197.00	62638.33	7.12	8.16	7.36	0.33

注：本表删除部分统计口径不一致行业。阴影部分表示 2003~2013 年间资产份额提高，其余部分表示下降。

4.1.2.2　规模以上工业企业主营业务收入分布情况

从主营业务收入角度来看，通信设备、计算机及其他，黑色金属冶炼及压延加工业，化学原料及化学制品制造业以及电力、热力的生产和供应业等行业占规模以上工业各行业主营业务收入份额较高，近年来基本都在 6%以上。黑色金属矿采选业、有色金属矿采选业、非金属矿采选业、家具制造业、印刷业和记录媒介的复制、废弃资源和废旧材料回收加工、燃气生产和供应业以及水的生产和供应业等行业占规模以上工业各行业主营业务收入份额相对较低，近年来基本都在 1%以下。

从变化趋势来看，2003~2013 年，废弃资源和废旧材料回收加工占规模以上工业各行业主营业务收入的份额从 2003 年 0.04%提高到 2013 年的 0.32%，年均增长 23.11%。此外，黑色金属矿采选业主营业务收入份额年均增幅也达到 14.28%，煤炭开采和洗选业、文教体育用品制造业、有色金属冶炼及压延加工业等行业主营业务收入份额年均增幅超过 6%。与此相反的是，石油和天然气开采业、烟草制品业以及水的生产和供应业等行业在 2003~2013 年主营业务收入份额下降明显，年均降幅超过 6%。

4.1.2.3　规模以上工业企业利润分布情况

2003~2013 年，我国规模以上工业部门利润总额从 8337.24 亿元提高到 62831.02 亿元，增长超过 6 倍。

2003年，石油和天然气开采业利润总额占我国规模以上工业各行业利润的14.65%，在规模以上工业部门中排名第一位；电力、热力的生产和供应业，通信设备、计算机及其他和黑色金属冶炼及压延加工业分列第二、三、四位；废弃资源和废旧材料回收加工业、水的生产和供应业以及燃气生产和供应业排名相对靠后。

2008年，石油和天然气开采业依然以15.06%的利润份额排在我国规模以上工业部门第一位；煤炭开采和洗选业则从2003年的17位排到第二位；化学原料及化学制品制造业，电气机械及器材制造业分列第三、四位。

2013年，化学原料及化学制品制造业以6.55%的利润份额排在我国规模以上工业部门第一位；石油和天然气开采业的利润份额下降到5.82%，排在第三位。

从利润份额的变动趋势来看，2003~2013年，我国规模以上工业部门中，废弃资源和废旧材料回收加工业利润年均增长35.59%，排名第一；其次是水的生产和供应业以及燃气生产和供应业；黑色金属冶炼及压延加工业，石油和天然气开采业，石油加工、炼焦及核燃料加工业和化学纤维制造业以及烟草制品业等行业利润份额下降幅度较大，年均降幅超过5%。

2003~2013年，我国规模以上工业部门中，石油和天然气开采业资产利润率超过10%，始终排在第一位；烟草制品业、有色金属矿采选业等行业相对比较稳定，保持在较高的资产利润率水平；而燃气生产和供应业，水的生产和供应业以及电力、热力的生产和供应业等行业盈利水平相对较低。

从变化趋势来看，水的生产和供应业以及电力、热力的生产和供应业虽然绝对盈利能力偏低，但近年来增长非常快，年均增幅高达20%以上；木材加工及木、竹、藤、棕制造业，非金属矿采选业也保持较快增长；而黑色金属冶炼及压延加工业以及石油加工、炼焦及核燃料加工业在本身较弱的盈利能力继续恶化。

4.1.2.4 规模以上工业企业利润结构与资产结构偏差

以下引入结构偏差系数概念来观察我国规模以上工业利润结构与资产总额结构之间的偏差。结构偏差系数的定义式为：

$$R_i = \frac{P_i}{E_i} - 1 \quad (i = 1,\ 2,\ 3)$$

式中，P_i 为 i 产业的利润比重；E_i 为 i 产业的资产比重；R_i 为 i 产业的结构偏差系数。

如果 R_i 小于0，表示 i 产业的利润比重要小于资产比重，盈利能力相对较低；大于0则反之。

总偏离度的定义式为：$S = \sum_{1}^{i} |R_i|$，反映产业整体的发展均衡性，S 越大，

说明产业发展越不平衡、产业结构越不合理。

表4-3测算了我国规模以上工业的结构偏离度。2003年我国规模以上工业部门中，石油和天然气开采业结构偏差系数最高，达到4.000，这意味着，2003年石油和天然气开采业利润份额仅为其资产份额的1/4，盈利能力非常强。烟草制品业、有色金属矿采选业以及皮革、毛皮、羽毛及其制品业结构偏差系数分列第二、三、四位。水的生产和供应业、燃气生产和供应业、废弃资源综合利用业以及煤炭开采和洗选业等行业结构偏差系数为负，且排名倒数，意味着这些行业利润份额小于资产份额，盈利能力较弱。总体来看，2003年我国规模以上工业部门结构偏离度为13.067。

表4-3 我国规模以上工业部门结构偏差系数

行业	2003年		2008年		2013年	
	偏离度	排名	偏离度	排名	偏离度	排名
电力、热力生产和供应业	−0.448	29	−0.885	31	−0.522	30
电气机械和器材制造业	0.027	13	0.231	12	0.007	21
纺织服装、服饰业	0.128	7	0.214	14	0.400	12
纺织业	−0.355	27	−0.149	23	0.263	17
非金属矿采选业	−0.333	26	0.774	5	0.771	7
非金属矿物制品业	−0.225	21	0.163	15	0.267	16
废弃资源综合利用业	−0.500	31	0.000	21	0.167	19
黑色金属矿采选业	0.107	8	2.095	2	0.518	10
黑色金属冶炼和压延加工业	0.027	14	−0.369	29	−0.633	31
化学纤维制造业	−0.255	22	−0.654	30	−0.438	29
化学原料和化学制品制造业	−0.106	18	−0.017	22	−0.066	24
计算机、通信和其他电子设备	0.034	12	−0.193	26	−0.117	25
家具制造业	−0.054	16	0.022	20	0.362	13
金属制品业	0.047	11	0.104	17	0.191	18
煤炭开采和洗选业	−0.478	30	0.703	6	−0.339	27
木材加工和木竹藤棕草	−0.259	23	0.500	9	1.150	2
农副食品加工业	−0.151	19	0.557	8	0.573	8
皮革、毛皮、羽毛及其制品	0.215	4	0.557	7	0.806	6
燃气生产和供应业	−0.837	32	−0.196	27	−0.016	22
石油和天然气开采业	4.000	1	4.071	1	1.622	1
石油加工、炼焦和核燃料加工	−0.373	28	−2.210	33	−0.719	32
食品制造业	−0.007	15	0.311	11	0.857	4

续表 4-3

行 业	2003 年		2008 年		2013 年	
	偏离度	排名	偏离度	排名	偏离度	排名
水的生产和供应业	-0. 984	33	-0. 912	32	-0. 791	33
通用设备制造业	-0. 082	17	0. 153	16	0. 104	20
文教、工美、体育和娱乐用品	0. 048	10	-0. 297	28	0. 429	11
烟草制品业	0. 994	2	1. 262	4	1. 074	3
医药制造业	0. 215	5	0. 415	10	0. 521	9
仪器仪表制造业	0. 156	6	0. 216	13	0. 338	14
印刷和记录媒介复制业	0. 099	9	0. 082	18	0. 314	15
有色金属矿采选业	0. 750	3	1. 509	3	0. 852	5
有色金属冶炼和压延加工业	-0. 222	20	-0. 152	24	-0. 387	28
造纸和纸制品业	-0. 282	25	-0. 179	25	-0. 217	26
专用设备制造业	-0. 270	24	0. 054	19	-0. 017	23
总偏离度	13. 067		20. 208		15. 847	

2008 年，在我国规模以上工业部门中，石油和天然气开采业结构偏差系数为 4. 071，且较 2003 年略有提升，依然排在第一位；黑色金属矿采选业、有色金属矿采选业和烟草制品业分别位于第二、三、四位。石油加工、炼焦和核燃料加工偏差系数为-2. 210，排在全国倒数第一位。水的生产和供应业，电力、热力生产和供应业以及化学纤维制造业也较低。2008 年我国规模以上工业部门总结构偏离度为 20. 208，高于 2003 年，意味着 2003~2008 年，我国规模以上工业部门产业结构发展变动不合理，产业结构形势恶化。

2013 年，石油和天然气开采业结构偏差系数虽然依然排在我国规模以上工业部门第一位，但仅为 1. 622。我国规模以上工业部门总偏离度也下降为 15. 847，产业结构相对于 2008 年更为合理。

4.1.3 产业结构的地区特征

我国幅员辽阔，地区间经济社会发展呈现较大的差异，产业结构格局也各不相同。表 4-4 对我国各地区 2003 年、2008 年和 2013 年的国内生产总值三次产业构成情况进行了初步描述。

目前，我国各地区产业结构呈现明显的多样化特征。北京、西藏在 2003 年之后一直保持“三二一”型产业结构，第三产业占地区国内生产总值比重最高，第一产业占比逐步下降，但两者所处产业结构阶段明显不同。北京地区第二产业占地区国内生产总值比重 2003 年来在下降，处于第二产业向第三产业转移阶段；

而西藏第二产业比例在逐步提高，处于第一产业向第二产业转移阶段。

上海、广东和贵州与北京在产业结构演变趋势上较为类似，分别与2008年、2013年和2013年实现产业结构由“二三一”向“三二一”型结构的转化。黑龙江的产业结构变动则出现第二产业比例下降，第一产业和第三产业比例上升的情况，可能原因在于近年来东北制造业的困难处境所致。

海南在我国所有省份中，农业占比最高，虽然近年来占比有所下降，2013年依然达到24%。从三次产业结构来看，海南省2003~2008年属于“三一二”型结构，2013年转变为“三二一”型结构。

除了上述地区外，我国其他省份多属于“二三一”型产业结构。

表4-4 我国各地区国内生产总值三次产业构成情况 （%）

省、市、自治区	第一产业			第二产业			第三产业		
	2003年	2008年	2013年	2003年	2008年	2013年	2003年	2008年	2013年
北　京	2.6	1.1	0.8	35.8	25.7	22.3	61.6	73.2	76.9
西　藏	22	15.3	10.7	26	29.2	36.3	52	55.5	53
上　海	1.5	0.8	0.6	50.1	45.5	37.2	48.4	53.7	62.2
广　东	8	5.5	4.9	53.6	51.6	47.3	38.4	42.9	47.8
贵　州	22	16.4	12.9	42.7	42.3	40.5	35.3	41.3	46.6
黑龙江	11.3	13.1	17.5	57.2	52.5	41.1	31.5	34.4	41.4
海　南	37	30	24	22.5	29.8	27.7	40.5	40.2	48.3
天　津	3.6	1.9	1.3	50.9	60.1	50.6	45.5	37.9	48.1
浙　江	7.7	5.1	4.8	52.6	53.9	49.1	39.7	41	46.1
山　西	8.8	4.4	6.1	56.6	61.5	53.9	34.7	34.2	40
江　苏	8.9	6.9	6.2	54.5	55	49.2	36.6	38.1	44.7
辽　宁	10.3	9.7	8.6	48.3	55.8	52.7	41.4	34.5	38.7
青　海	11.8	11	9.9	47.2	55.1	57.3	41	34	32.8
山　东	11.9	9.7	8.7	53.5	57	50.1	34.6	33.4	41.2
福　建	13.3	10.7	8.9	47.6	50	52	39.1	39.3	39.1
陕　西	13.3	11	9.5	47.3	56.1	55.5	39.4	32.9	34.9
宁　夏	14.4	10.9	8.7	49.8	52.9	49.3	35.8	36.2	42
湖　北	14.8	15.7	12.6	47.8	43.8	49.3	37.4	40.5	38.1
河　北	15	12.6	12.4	51.5	54.2	52.2	33.5	33.2	35.5
重　庆	15	11.3	8	43.4	47.7	50.5	41.6	41	41.4
河　南	17.6	14.4	12.6	50.4	56.9	55.4	32	28.6	32
甘　肃	18.1	14.6	14	46.6	46.3	45	35.3	39.1	41

续表 4-4

省、市、自治区	第一产业			第二产业			第三产业		
	2003 年	2008 年	2013 年	2003 年	2008 年	2013 年	2003 年	2008 年	2013 年
安　徽	18.5	16	12.3	44.8	46.6	54.6	36.7	37.4	33
吉　林	19.3	14.3	11.6	45.3	47.7	52.8	35.4	38	35.5
内蒙古	19.5	11.7	9.5	45.3	55	54	35.2	33.3	36.5
江　西	19.8	16.4	11.4	43.4	52.7	53.5	36.8	30.9	35.1
云　南	20.4	17.9	16.2	43.4	43	42	36.2	39.1	41.8
四　川	20.7	18.9	13	41.5	46.3	51.7	37.8	34.8	35.2
新　疆	22	16.4	17.6	42.4	49.6	45	35.6	33.9	37.4
湖　南	19.1	18	12.6	38.7	44.2	47	42.2	37.8	40.3
广　西	23.8	20.3	16.3	36.9	42.4	47.7	39.3	37.4	36

注：斜条底纹表示在该地区该年三次产业中比例最高；阴影部分表示比例第二。

4.2　我国就业结构

与产业产值结构相对应的是产业的就业结构。本节对我国三次产业的就业分布进行分析，了解就业的发展趋势和分布特征。

4.2.1　三次产业就业结构

根据《中国统计年鉴》数据，我国三次产业就业人数从 1952 年 20729 万人增长到 2013 年 76977 万人，年均增长 2.17%。这期间，第一、第二、第三产业就业人数分别从 17317 万人、1531 万人、1881 万人，增长到 24171 万人、23170 万人和 29636 万人，年均增长率分别为 0.54%、4.55%和 4.62%。

按三次产业分就业人员数见表 4-5。

表 4-5　按三次产业分就业人员数（年底数）

年　份	就业人员/万人				构成（合计=100）		
	合计	第一产业	第二产业	第三产业	第一产业	第二产业	第三产业
1952	20729	17317	1531	1881	83.5	7.4	9.1
1957	23771	19309	2142	2320	81.2	9.0	9.8
1962	25910	21276	2059	2575	82.1	8.0	9.9
1965	28670	23396	2408	2866	81.6	8.4	10.0
1970	34432	27811	3518	3103	80.8	10.2	9.0
1975	38168	29456	5152	3560	77.2	13.5	9.3
1978	40152	28318	6945	4890	70.5	17.3	12.2

续表 4-5

年 份	就业人员/万人				构成（合计=100）		
	合计	第一产业	第二产业	第三产业	第一产业	第二产业	第三产业
1979	41024	28634	7214	5177	69.8	17.6	12.6
1980	42361	29122	7707	5532	68.7	18.2	13.1
1981	43725	29777	8003	5945	68.1	18.3	13.6
1982	45295	30859	8346	6090	68.1	18.4	13.5
1983	46436	31151	8679	6606	67.1	18.7	14.2
1984	48197	30868	9590	7739	64.0	19.9	16.1
1985	49873	31130	10384	8359	62.4	20.8	16.8
1986	51282	31254	11216	8811	60.9	21.9	17.2
1987	52783	31663	11726	9395	60.0	22.2	17.8
1988	54334	32249	12152	9933	59.3	22.4	18.3
1989	55329	33225	11976	10129	60.1	21.6	18.3
1990	64749	38914	13856	11979	60.1	21.4	18.5
1991	65491	39098	14015	12378	59.7	21.4	18.9
1992	66152	38699	14355	13098	58.5	21.7	19.8
1993	66808	37680	14965	14163	56.4	22.4	21.2
1994	67455	36628	15312	15515	54.3	22.7	23.0
1995	68065	35530	15655	16880	52.2	23.0	24.8
1996	68950	34820	16203	17927	50.5	23.5	26.0
1997	69820	34840	16547	18432	49.9	23.7	26.4
1998	70637	35177	16600	18860	49.8	23.5	26.7
1999	71394	35768	16421	19205	50.1	23.0	26.9
2000	72085	36043	16219	19823	50.0	22.5	27.5
2001	72797	36399	16234	20165	50.0	22.3	27.7
2002	73280	36640	15682	20958	50.0	21.4	28.6
2003	73736	36204	15927	21605	49.1	21.6	29.3
2004	74264	34830	16709	22725	46.9	22.5	30.6
2005	74647	33442	17766	23439	44.8	23.8	31.4
2006	74978	31941	18894	24143	42.6	25.2	32.2
2007	75321	30731	20186	24404	40.8	26.8	32.4
2008	75564	29923	20553	25087	39.6	27.2	33.2
2009	75828	28890	21080	25857	38.1	27.8	34.1

续表 4-5

年 份	就业人员/万人				构成（合计=100）		
	合计	第一产业	第二产业	第三产业	第一产业	第二产业	第三产业
2010	76105	27931	21842	26332	36.7	28.7	34.6
2011	76420	26594	22544	27282	34.8	29.5	35.7
2012	76704	25773	23241	27690	33.6	30.3	36.1
2013	76977	24171	23170	29636	31.4	30.1	38.5

三次产业就业人数份额变动如图 4-3 所示。

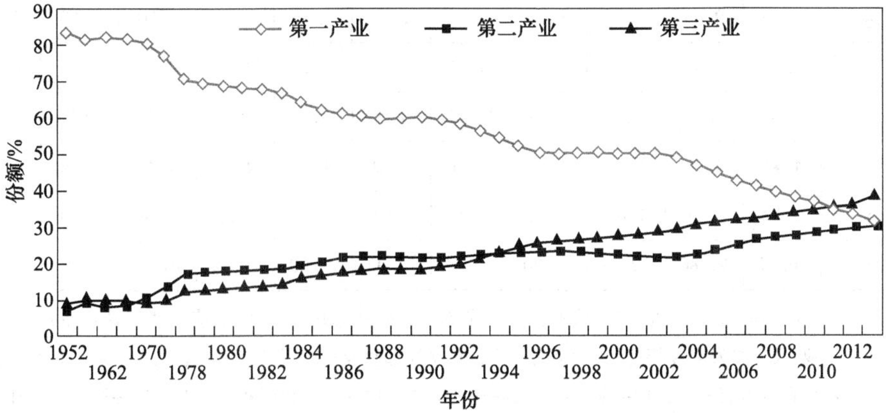

图 4-3 三次产业就业人数份额变动

4.2.2 分行业就业结构特征

各行业就业人数份额变动见表 4-6。

表 4-6 各行业就业人数份额变动

类别	2003 年	2004 年	2005 年	2006 年	2007 年	2008 年	2009 年	2010 年	2011 年	2012 年	2013 年
1	4.42	4.20	3.91	3.72	3.55	3.36	2.97	2.88	2.49	2.22	1.63
2	4.45	4.51	4.47	4.52	4.45	4.43	4.40	4.31	4.24	4.14	3.51
3	27.17	27.49	28.16	28.61	28.82	28.17	27.77	27.87	28.36	27.97	29.04
4	2.71	2.71	2.63	2.58	2.52	2.51	2.45	2.38	2.32	2.26	2.23
5	7.60	7.58	8.13	8.44	8.74	8.80	9.37	9.71	11.97	13.19	16.14
6	5.73	5.29	4.77	4.40	4.22	4.22	4.14	4.10	4.49	4.67	4.92
7	5.80	5.69	5.38	5.23	5.18	5.14	5.05	4.84	4.60	4.38	4.67

续表 4-6

类别	2003 年	2004 年	2005 年	2006 年	2007 年	2008 年	2009 年	2010 年	2011 年	2012 年	2013 年
8	1.57	1.60	1.59	1.57	1.55	1.58	1.61	1.60	1.68	1.74	1.68
9	1.06	1.11	1.14	1.18	1.25	1.31	1.38	1.42	1.48	1.46	1.81
10	3.22	3.21	3.15	3.14	3.24	3.43	3.57	3.60	3.51	3.46	2.97
11	1.10	1.20	1.28	1.31	1.38	1.42	1.52	1.62	1.72	1.80	2.06
12	1.67	1.75	1.92	2.02	2.06	2.25	2.31	2.38	1.99	1.92	2.33
13	0.00	0.00	2.00	2.01	2.02	2.11	2.17	2.24	2.07	2.17	2.14
14	0.00	0.00	1.58	1.60	1.61	1.62	1.64	1.68	1.60	1.60	1.43
15	0.00	0.00	0.47	0.48	0.48	0.46	0.47	0.46	0.42	0.41	0.40
16	13.15	13.22	13.01	12.84	12.65	12.58	12.33	12.12	11.22	10.85	9.32
17	4.43	4.46	4.46	4.49	4.51	4.62	4.74	4.85	4.71	4.72	4.25
18	1.17	1.11	1.07	1.04	1.04	1.03	1.03	1.01	0.94	0.90	0.81
19	10.67	10.80	10.88	10.80	10.74	10.95	11.09	10.95	10.18	10.12	8.65

注：1—农、林、牧、渔业；2—采矿业；3—制造业；4—电力、热力和供应业燃气及水生产；5—建筑业；6—批发和零售业；7—交通运输、仓储和邮政业；8—住宿和餐饮业；9—信息传输、软件和信息技术服务业；10—金融业；11—房地产业；12—租赁和商务服务业；13—科学研究和技术服务业；14—水利、环境和公共设施管理业；15—居民服务、修理和其他服务业；16—教育；17—卫生和社会工作；18—文化、体育和娱乐业；19—公共管理、社会保障和社会组织。

4.2.3 就业结构的地区特征

各地区按三次产业分就业人员数见表 4-7。

表 4-7 各地区按三次产业分就业人员数 （万人）

地区	2003 年			2008 年			2010 年		
	第一产业	第二产业	第三产业	第一产业	第二产业	第三产业	第一产业	第二产业	第三产业
全 国	49.1	21.6	29.3	39.6	27.2	33.2	36.7	28.7	34.6
北 京	7.8	32.6	59.6	5.6	21.8	72.5	9.4	36.7	121.7
天 津	19.6	40.0	40.4	15.5	40.5	44.0	38.5	100.4	108.9
河 北	49.3	27.6	23.1	40.8	32.7	26.5	176.6	141.8	114.8
山 西	44.3	24.5	31.2	40.6	26.4	33.0	130.1	84.4	105.9
内蒙古	54.6	15.2	30.2	50.5	16.9	32.7	166.9	55.8	108.0

续表 4-7

地区	2003年			2008年			2010年		
	第一产业	第二产业	第三产业	第一产业	第二产业	第三产业	第一产业	第二产业	第三产业
辽宁	37.4	24.6	38.0	33.3	25.5	41.2	87.6	67.1	108.6
吉林	50.1	17.4	32.4	44.7	19.9	35.4	137.7	61.4	109.1
黑龙江	51.0	19.5	29.4	46.4	20.5	33.0	157.7	69.7	112.1
上海	9.6	41.0	49.4	5.5	39.3	55.2	11.2	79.5	111.7
江苏	34.6	34.3	31.0	20.9	44.4	34.7	67.4	142.9	111.8
浙江	29.6	36.9	33.5	18.2	46.5	35.3	54.3	138.8	105.5
安徽	54.9	19.0	26.2	44.7	27.0	28.3	170.8	103.4	108.2
福建	42.5	27.8	29.8	31.1	35.6	33.3	104.7	119.5	111.9
江西	50.1	17.8	32.1	40.7	27.4	31.9	126.8	85.5	99.6
山东	46.9	26.2	26.8	37.4	31.6	31.0	139.4	117.8	115.6
河南	60.2	19.6	20.2	48.8	26.8	24.4	241.1	132.4	120.6
湖北	45.1	18.7	36.2	35.4	24.6	40.1	97.6	67.8	110.6
湖南	57.4	15.5	27.1	49.6	20.0	30.4	183.1	73.8	112.3
广东	37.9	27.9	34.2	28.3	33.4	38.2	82.8	97.7	111.7
广西	59.8	10.7	29.4	55.2	20.0	24.8	187.6	68.0	84.2
海南	59.5	9.8	30.7	53.8	11.3	34.9	175.3	36.9	113.9
重庆	49.2	18.7	32.1	37.1	26.6	36.3	115.5	82.8	113.1
四川	54.5	16.8	28.6	45.0	21.9	33.1	157.2	76.6	115.7
贵州	62.6	9.6	27.7	52.4	11.3	36.3	189.1	41.0	130.8
云南	72.7	8.9	18.3	62.6	12.2	25.1	341.8	66.8	137.0
西藏	65.1	9.1	25.8	55.7	10.4	33.9	215.9	40.5	131.5
陕西	52.1	16.5	31.3	46.8	20.7	32.5	149.3	66.2	103.7
甘肃	59.0	13.6	27.4	52.9	14.3	32.8	193.3	52.3	120.0
青海	54.1	15.8	30.1	44.5	21.3	34.2	148.2	70.9	113.6
宁夏	51.8	21.8	26.4	44.9	25.1	30.1	169.6	94.8	113.7
新疆	55.1	13.3	31.7	51.6	13.7	34.7	163.0	43.3	109.6

2013年各地区分行业就业份额见表4-8。

表 4–8 2013 年各地区分行业就业份额

地区	农、林、牧、渔业	采矿业	制造业	电力、热力、燃气及水生产和供应业	建筑业	批发和零售业	交通运输、仓储和邮政业	住宿和餐饮业	信息传输、软件和信息技术服务	金融业	房地产业	租赁和商务服务业	科学研究和技术服务	水利、环境和公共设施管理业	居民服务、修理和其他服务业	教育	卫生和社会工作	文化、体育和娱乐	公共管理、社会保障和社会组织
北京	0.42	0.91	13.94	1.17	5.92	9.27	7.98	4.18	7.85	5.27	5.47	8.92	8.04	1.32	1.23	6.21	3.34	2.44	6.13
天津	0.18	2.52	40.45	1.48	10.26	5.68	4.74	2.17	1.18	2.68	3.02	1.91	3.55	1.37	3.58	6.26	3.08	0.75	5.14
河北	0.80	4.33	23.01	3.00	13.87	4.42	4.22	1.06	1.32	3.92	1.40	1.76	2.14	1.76	0.22	13.73	5.16	0.81	13.07
山西	0.47	22.20	15.76	2.47	8.29	4.57	5.09	1.20	1.30	3.36	0.70	1.57	1.50	1.90	0.32	11.28	4.06	1.01	12.95
内蒙古	7.92	7.09	15.64	4.40	8.39	3.74	7.14	1.51	1.93	3.65	1.59	1.44	2.01	2.69	0.33	11.56	4.58	1.15	13.25
辽宁	3.38	4.94	26.04	2.39	16.26	4.02	5.47	1.17	1.84	3.37	2.04	1.92	2.45	2.31	0.41	8.57	4.84	0.80	7.77
吉林	4.04	4.55	26.12	4.15	10.01	3.80	5.07	0.97	1.99	3.26	1.69	1.61	2.37	2.45	0.39	10.96	5.14	1.06	10.37
黑龙江	17.08	8.21	13.89	3.91	7.96	4.22	6.00	1.04	1.52	3.40	1.29	1.27	2.38	2.17	1.00	9.67	4.77	0.98	9.25
上海	0.22	0.01	34.22	0.85	6.01	10.81	7.94	3.40	3.50	4.85	3.88	6.80	3.29	1.31	0.82	4.77	3.04	0.95	3.31
江苏	0.44	0.91	36.95	1.21	27.97	4.08	3.22	1.28	2.03	2.05	1.41	2.12	1.28	0.93	0.24	5.95	2.92	0.51	4.51
浙江	0.07	0.09	33.40	1.26	28.30	3.75	2.93	1.37	1.43	3.39	1.67	2.69	1.49	1.09	0.20	6.38	3.68	0.67	6.12
安徽	0.94	6.37	23.17	2.31	19.18	4.34	4.23	1.11	1.19	3.32	1.80	1.37	1.60	1.49	0.17	12.25	5.23	0.65	9.26
福建	0.71	0.43	39.21	1.38	22.70	4.09	3.78	1.52	1.08	2.35	1.96	1.77	1.20	0.85	0.21	7.49	3.07	0.62	5.58
江西	1.25	1.87	28.28	2.96	20.52	3.50	4.77	1.05	1.43	2.53	1.22	1.24	1.27	1.66	0.13	10.28	4.42	0.74	10.85
山东	0.14	5.78	33.87	1.85	14.62	5.21	3.92	1.49	1.36	2.69	1.84	1.61	1.31	1.16	0.25	9.30	4.35	0.56	8.68
河南	0.48	5.82	29.06	2.28	17.61	4.89	4.05	1.10	0.88	2.24	1.47	1.16	1.38	1.16	0.19	10.87	4.50	0.79	10.08

续表 4-8

地区	农、林、牧、渔业	采矿业	制造业	电力、热力、燃气及水生产和供应业	建筑业	批发和零售业	交通运输、仓储和邮政业	住宿和餐饮业	信息传输、软件和信息技术服务	金融业	房地产业	租赁和商务服务业	科学研究和技术服务	水利、环境和公共设施管理业	居民服务、修理和其他服务业	教育	卫生和社会工作	文化、体育和娱乐	公共管理、社会保障和社会组织
湖北	1.31	1.28	27.40	2.60	20.16	5.99	4.77	1.75	1.31	2.49	1.72	1.29	2.17	1.34	0.24	9.78	5.34	0.80	8.26
湖南	0.38	2.58	22.34	2.77	17.87	3.88	4.08	1.59	1.22	3.53	1.86	1.50	2.06	1.59	0.31	12.01	6.05	0.84	13.56
广东	0.31	0.15	51.87	1.64	8.25	4.86	4.24	2.00	1.69	2.20	2.67	2.84	1.50	0.83	0.37	6.03	2.84	0.55	5.17
广西	2.27	1.08	20.05	3.66	15.10	3.49	5.27	1.34	1.30	2.88	1.93	2.44	2.33	2.38	0.14	15.34	6.95	0.82	11.21
海南	4.83	0.80	10.74	2.24	7.79	12.97	5.51	6.85	1.32	2.82	5.91	2.03	2.05	3.10	0.37	12.61	5.38	1.28	11.40
重庆	0.28	2.52	21.50	1.74	25.78	5.49	6.49	1.76	1.22	3.26	2.52	2.70	1.58	1.24	0.33	9.72	4.03	0.65	7.19
四川	0.44	2.74	24.17	3.21	21.01	3.93	4.65	1.47	1.85	2.85	1.86	1.44	2.35	1.43	0.20	10.74	5.04	0.70	9.91
贵州	0.53	6.21	15.63	4.55	13.30	4.71	3.82	1.39	1.13	2.71	2.32	1.56	2.20	1.56	0.44	16.03	5.64	0.65	15.65
云南	1.66	5.35	17.28	2.41	17.21	5.96	3.92	2.23	1.55	2.31	2.35	2.19	2.15	1.83	0.32	13.55	5.18	0.81	11.73
西藏	2.73	1.83	3.57	3.31	5.65	2.92	2.33	2.01	1.64	3.11	0.42	1.47	3.48	0.71	0.48	14.24	5.39	2.13	42.57
陕西	0.52	7.19	21.35	2.41	14.28	5.14	4.95	2.49	1.87	2.98	1.72	1.49	3.31	1.77	0.39	11.58	4.63	0.90	11.02
甘肃	2.04	4.12	15.27	3.91	17.95	2.99	4.93	1.37	1.19	2.81	1.51	1.06	2.68	2.11	0.13	14.23	4.98	0.98	15.73
青海	2.21	6.88	18.44	2.89	11.41	3.68	7.41	0.94	1.56	3.36	1.29	1.10	3.65	1.61	0.09	11.91	5.73	1.27	14.57
宁夏	2.78	9.15	17.42	4.77	8.64	3.80	5.60	0.90	1.15	4.24	2.00	2.74	1.94	2.92	0.13	12.20	5.66	1.12	12.86
新疆	17.74	6.37	10.89	2.69	8.48	2.67	5.65	0.90	0.93	2.82	1.28	1.92	2.09	1.76	0.23	11.97	5.41	0.96	15.24

4.3　我国产业结构偏离度

在理论上，如果市场处于完全竞争和完全信息状态，国民经济的各产业部门之间没有任何制度性壁垒，资源能够自由流动，那么，通过市场对资源的再配置，各产业的劳动生产率就会逐步趋同，产业的产值结构和产业的就业结构最终会达成一致。但一般来说，就业结构的变化会滞后于产值结构的变化。这是因为劳动力和人口的流动不可能如商品和资本那样迅速、自由，会受到家庭、土地、技能等因素的影响，而且即便如工业部门的劳动生产率要高于农业部门，也不可能在短期内产生相应的劳动需求。在特有的城乡二元户籍制度障碍下，我国的劳动力配置效率极其低下，上述这种滞后现象与其他国家相比更是严重，就业结构和产值结构之间的偏离程度相对较大。

以下，引入结构偏差系数和结构偏离度这两个概念观察浙江省产业产值结构与就业结构之间的偏差。

结构偏差系数的定义式为：

$$R_i = \frac{P_i}{E_i} - 1 \quad (i = 1,\ 2,\ 3)$$

式中，P_i 为 i 产业的产值比重；E_i 为 i 产业的就业比重；R_i 为 i 产业的结构偏差系数。

如果 R_i 小于 0，表示 i 产业的产值比重要小于就业比重，劳动生产率相对较低；大于 0 则反之。

结构偏离度的定义式为：

$$S_i = P_i - E_i$$

S_i 的绝对值越大，其偏离度也越大。

总偏离度的定义式为：$S = \sum_{1}^{3} |P_i - E_i|$，反映产业整体的发展均衡性，$S$ 越大，说明产业发展越不平衡、产业结构越不合理。

4.3.1　三次产业结构偏离情况

从三次产业的结构偏差系数来看，1978~2013 年以来第一产业的结构偏差系数始终小于零，劳动生产率一直较高，系数偏离零，表明产值比重增大的幅度大于就业比重增加的幅度，而第一产业的结构偏离度的绝对值不断减小，第一产业的结构发展趋于平衡，结构愈加合理；第二、三产业的偏差系数始终大于零，劳动生产率远高于第一产业，第二产业的结构也不合理，而第三产业发展平衡且合理；从产业的总偏离度来看，我国产业的发展处于不断优化的趋势。三次产业结构偏离情况见表 4–9。

表 4-9 三次产业结构偏离情况

年份	结构偏差系数			结构偏离度			
	第一产业	第二产业	第三产业	第一产业	第二产业	第三产业	总偏离度
1978	-0.60	1.77	0.96	-42.30	30.60	11.70	84.60
1979	-0.55	1.68	0.71	-38.50	29.50	9.00	77.00
1980	-0.56	1.65	0.65	-38.50	30.00	8.50	77.00
1981	-0.53	1.52	0.62	-36.20	27.80	8.40	72.40
1982	-0.51	1.43	0.61	-34.70	26.40	8.30	69.40
1983	-0.51	1.37	0.58	-33.90	25.70	8.20	67.80
1984	-0.50	1.17	0.54	-31.90	23.20	8.70	63.80
1985	-0.54	1.06	0.71	-34.00	22.10	11.90	68.00
1986	-0.56	1.00	0.69	-33.80	21.80	11.90	67.50
1987	-0.55	0.96	0.66	-33.20	21.40	11.80	66.40
1988	-0.57	0.96	0.67	-33.60	21.40	12.20	67.20
1989	-0.58	0.98	0.75	-35.00	21.20	13.80	70.00
1990	-0.55	0.93	0.70	-33.00	19.90	13.00	65.90
1991	-0.59	0.95	0.78	-35.20	20.40	14.80	70.40
1992	-0.63	1.00	0.76	-36.70	21.80	15.00	73.50
1993	-0.65	1.08	0.59	-36.70	24.20	12.50	73.40
1994	-0.63	1.05	0.46	-34.40	23.90	10.60	68.90
1995	-0.62	1.05	0.33	-32.20	24.20	8.10	64.50
1996	-0.61	1.02	0.26	-30.80	24.00	6.80	61.60
1997	-0.63	1.00	0.30	-31.60	23.80	7.80	63.20
1998	-0.65	0.97	0.36	-32.20	22.70	9.50	64.40
1999	-0.67	0.99	0.41	-33.60	22.80	10.90	67.30
2000	-0.70	1.04	0.42	-34.90	23.40	11.50	69.80
2001	-0.71	1.03	0.46	-35.60	22.90	12.80	71.30
2002	-0.73	1.09	0.45	-36.30	23.40	12.90	72.60
2003	-0.74	1.13	0.41	-36.30	24.40	11.90	72.60
2004	-0.71	1.05	0.32	-33.50	23.70	9.80	67.00
2005	-0.73	0.99	0.29	-32.70	23.60	9.10	65.40
2006	-0.74	0.90	0.27	-31.50	22.70	8.70	62.90
2007	-0.74	0.76	0.29	-30.00	20.50	9.50	60.00
2008	-0.73	0.74	0.26	-28.90	20.20	8.60	57.70

续表 4-9

年份	结构偏差系数			结构偏离度			
	第一产业	第二产业	第三产业	第一产业	第二产业	第三产业	总偏离度
2009	-0.73	0.66	0.27	-27.80	18.40	9.30	55.50
2010	-0.72	0.63	0.25	-26.60	18.00	8.60	53.20
2011	-0.71	0.58	0.22	-24.80	17.10	7.70	49.60
2012	-0.70	0.50	0.24	-23.50	15.00	8.50	47.00
2013	-0.68	0.46	0.20	-21.40	13.80	7.60	42.80

4.3.2　细分行业结构偏离情况

我国农业部门结构偏离系数始终大于零，产业产值比重小于就业比重，且结构偏差系数有变大趋势，说明劳动生产率较高。第二产业的结构偏差系数小于零或者趋于零，说明劳动生产率与产值比重趋于平衡，第三产业结构中租赁和商务服务业和科学研究、技术服务的结构偏离系数逐步趋于零，说明这些行业的就业结构和产值结构匹配程度逐步合理。

具体从工业部门来看，采矿业、制造业和房地产业等行业的结构偏离系数始终大于零，劳动生产率较高；有色金属冶炼及压延加工业和石油加工及炼焦加工业结构偏离系数始终小于零，劳动生产率较低；电力、燃气及水的生产和供应业在 2009 年以前偏差系数始终大于零，劳动生产率偏高，而 2010~2012 年劳动生产率开始下滑，分行业结构分布见表 4-10。

表 4-10　分行业结构分布

行　业	偏差系数				偏离度			
	2005 年	2008 年	2011 年	2012 年	2005 年	2008 年	2011 年	2012 年
农林牧渔业	2.10	2.19	3.02	3.53	8.21	7.37	7.54	7.86
采矿业	0.25	0.41	0.36	0.26	1.11	1.82	1.51	1.07
制造业	0.15	0.16	0.12	0.11	4.35	4.48	3.47	3.08
电力、燃气及水的生产和供应	0.40	0.02	-0.03	-0.04	1.04	0.06	-0.07	-0.09
建筑业	-0.31	-0.32	-0.44	-0.48	-2.52	-2.83	-5.21	-6.36
交通运输、仓储和邮政业	0.21	0.23	0.06	0.02	1.00	0.99	0.25	0.08
信息传输、计算机服务和软件	-0.51	-0.51	-0.55	-0.52	-2.73	-2.64	-2.53	-2.27
批发和零售业	3.75	4.26	4.45	4.46	5.96	6.75	7.50	7.77
住宿和餐饮业	0.99	0.61	0.31	0.38	1.13	0.80	0.46	0.55
金融业	0.04	0.38	0.50	0.60	0.14	1.31	1.77	2.07

续表 4-10

行　业	偏差系数				偏离度			
	2005 年	2008 年	2011 年	2012 年	2005 年	2008 年	2011 年	2012 年
房地产业	2. 58	2. 31	2. 28	2. 15	3. 32	3. 28	3. 94	3. 86
租赁和商务服务业	−0. 12	−0. 21	0. 00	0. 09	−0. 22	−0. 47	0. 00	0. 17
科学研究、技术服务	−0. 41	−0. 40	−0. 29	−0. 27	−0. 83	−0. 84	−0. 60	−0. 58
水利、环境和公共设施管理业	−0. 71	−0. 75	−0. 73	−0. 71	−1. 12	−1. 22	−1. 17	−1. 14
居民服务和其他服务业	2. 58	2. 18	2. 70	2. 80	1. 22	1. 01	1. 12	1. 14
教育	−0. 76	−0. 78	−0. 73	−0. 71	−9. 89	−9. 75	−8. 17	−7. 72
卫生、社会保障和社会福利业	−0. 64	−0. 68	−0. 66	−0. 63	−2. 85	−3. 15	−3. 13	−2. 99
文化、体育和娱乐业	−0. 39	−0. 41	−0. 32	−0. 27	−0. 42	−0. 42	−0. 30	−0. 24
公共管理和社会组织	−0. 63	−0. 60	−0. 63	−0. 62	−6. 90	−6. 56	−6. 38	−6. 24

5 高等教育学科结构与产业结构适配

高等教育发展水平与经济发展水平密切相关，其对经济增长的贡献主要通过结构的优化实现，具体表现在高等教育学科专业结构与产业结构的适应性。因此，研究高等教育结构与经济增长的关系需要运用结构与功能关系的原理，对高等教育结构与经济增长的关系进行考察分析，找到二者的最佳结合点，通过优化高等教育结构，促进高等教育与经济良性循环发展。

5.1 江西省高等院校学科结构分析

5.1.1 江西省高等教育发展概况

近年来，江西省教育事业也在蓬勃发展，到 2012 年，全年研究生教育在校研究生 2.5 万人，普通高校在校生 85.1 万人，高等教育毛入学率 29.5%，比上年提高 2.0 个百分点，省部共建高校达 12 所。随着社会经济的发展以及整体教育规模的提高，江西省高等教育亦取得了长足发展。

5.1.1.1 高等教育规模情况

1999 年江西省仅有高校 34 所，其中包含综合大学 5 所、理工院校 6 所、农业院校 2 所、医药院校 6 所、师范院校 8 所、财政院校 2 所、政法院校 1 所，以及短期职业大学 4 所。到 2012 年高校规模发展到 88 所，其中包含综合大学 32 所、理工院校 30 所、农业院校 3 所、林业院校 1 所、医药院校 5 所、师范院校 5 所、财政院校 7 所、政法院校 2 所、艺术院校 3 所，以及短期职业大学 4 所。2013 年江西省每 10 万人口中高等学校（包括普通高校和成人高校）平均在校生数为 2295 人，居全国 14 位。具有升入高校潜力的高中阶段平均在校生数为 3405 人，居全国 15 位（表 5-1）。

表 5-1 每 10 万人口各级学校平均在校生数 （人）

地区	高等学校	排名	地区	高等学校	排名
全国	2335		山西	2351	4
北京	5534	1	内蒙古	2042	5
天津	4358	2	辽宁	2811	6
河北	2063	3	吉林	2889	7

续表 5-1

地区	高等学校	排名	地区	高等学校	排名
黑龙江	2441	8	广西	1834	20
上海	3481	9	海南	2218	21
江苏	2786	10	重庆	2734	22
江西	2288	11	四川	2037	23
安徽	2101	12	贵州	1392	24
福建	2301	13	云南	1566	25
山东	2238	15	西藏	1508	26
河南	2012	16	陕西	3525	27
湖北	3078	17	甘肃	2145	28
湖南	2087	18	青海	1133	29
广东	2082	19	新疆	1596	31

从学生和教师规模上来看，2012 年江西省高等院校在校学生数达到 84895 人，相比较 1999 年的 43586 人，年均增长率达到 25.6%。招生数从 1999 年的 25057 人增长到 2012 年的 246278 人，年均增长率达到 17.2%。专任教师的年均增长率也高达 12.9%（表 5-2）。

表 5-2　江西省高等院校学生和教师规模情况　（人）

年份	在校学生数	招生数	毕业生数	专任教师
1999	43586	25057	110873	10380
2006	770525	232336	141085	42227
2007	781686	240672	218965	45153
2008	764182	252022	264549	47510
2009	793488	246419	213303	48637
2010	816484	256046	225943	49028
2011	819356	246790	222416	
2012	840895	246278	228966	50205

5.1.1.2　高等教育质量情况

1999 年，江西省共有研究生学位授予点 11 个，毕业生共计 364 人，招生数为 661 人，在校研究生共有 661 人。到 2012 年，江西省普通高校研究生毕业生共计 7086 人（其博士 135 人），招生数 8950 人（其中博士 203 人），在校生数 25209 人（其中博士 809 人）。此外普通高校教师规模和质量的发展也进入快车道，1999 年共有专任教师 10147 人，其中具有正高级职称 824 人、副高级职称 2939 人、中级职称 3405 人。到 2012 年，专任教师共计 50205 人，正高级 5033 人、副高级 13715 人，中级 19828 人。

从研究生规模来看，江西省高等院校研究生招生规模从 1999 年的 966 人提升到 2012 年的 25209 人，年均增长率达到 18.7%，在校学生数增长率高达 21%。

江西省高等院校专职教师职称结构见表 5–3。

表 5–3 江西省高等院校专职教师职称结构

年份	职称人数规模/人			职称所占比例/%		
	正、副高级	中级	初级	正、副高级	中级	初级
2006	13944	12504	11903	36.4	32.6	31.0
2007	14994	13546	12856	36.2	32.7	31.1
2008	15752	15509	12622	35.9	35.3	28.8
2009	16918	16878	11998	36.9	36.9	26.2
2010	17711	17807	10932	38.1	38.3	23.5
2012	18748	19828	9074	39.3	41.6	19.0

从职称结构来看，江西省高等院校专职教师的职称结构高级化趋势明显。高级职称专职教师的比例从 2006 年的 36.4%提高到 39.3%，中级职称比例从 32.6%提高到 41.6%而初级职称的比例则从 31%下降到 19%，如图 5–1 所示。

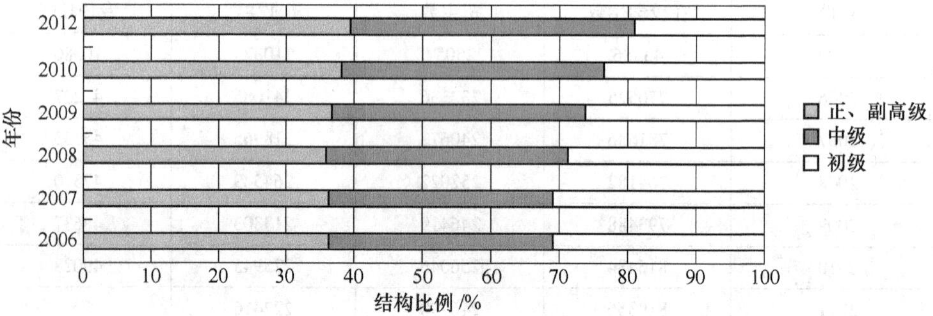

图 5–1 江西省高等院校专职教师职称结构比例变动

5.1.1.3 高等教育资源地区分布情况

江西省高等教育资源在地区分布上呈现明显的集聚现象见表 5–4。全省 88 所普通高等院校有 50 所集中在南昌市，占 56.8%，在校学生数、招生数、毕业生数、教职工数和专任教师数量分别占全省总量的 59.83%、60.05%、58.90%、59.61%和 57.55%。

表 5-4 2012 年各地区普通高等学校基本情况 (所、人、%)

地 区	学校数	在校学生数	招生数	毕业生数	教职工数	专任教师	师生比	平均在校生数	平均专任教师
全省	88	851119	250392	232048	71620	50205	17.0	9671.8	570.5
南昌市	50	509239	150371	136668	42693	28894	17.6	10184.8	577.9
景德镇市	5	29349	8111	8601	3084	2042	14.4	5869.8	408.4
萍乡市	3	11254	2906	5415	1450	1093	10.3	3751.3	364.3
九江市	7	78437	23930	22672	6343	5037	15.6	11205.3	719.6
新余市	5	29853	10075	8042	2699	1955	15.3	5970.6	391.0
鹰潭市	1	5148	1408	1145	330	287	17.9	5148.0	287.0
赣州市	7	82213	23197	20599	6523	4800	17.1	11744.7	685.7
吉安市	1	18256	4698	4691	1544	979	18.6	18256.0	979.0
宜春市	3	28784	8744	8227	2450	1866	15.4	9594.7	622.0
抚州市	4	36925	10166	10277	3339	2360	15.6	9231.3	590.0
上饶市	2	21661	6786	5711	1165	892	24.3	10830.5	446.0

从师生资源配比的角度来看，上饶市、南昌市、吉安市的专任教师占比小于在校学生数占比，师生比较高。尤其是上饶市师生比达到 24.3；从学校规模上看，南昌、九江、赣州、吉安和上饶高等院校平均在校生数超过 1 万人，尤其是吉安达到了 18256 人。

2012 年江西省各地区普通高等学校发展：占比情况见表 5-5。

表 5-5 2012 年江西省各地区普通高等学校发展：占比情况 (%)

地 区	学校数/所	在校学生数	招生数	毕业生数	教职工数	专任教师
南昌市	56.82	59.83	60.05	58.90	59.61	57.55
景德镇市	5.68	3.45	3.24	3.71	4.31	4.07
萍乡市	3.41	1.32	1.16	2.33	2.02	2.18
九江市	7.95	9.22	9.56	9.77	8.86	10.03
新余市	5.68	3.51	4.02	3.47	3.77	3.89
鹰潭市	1.14	0.60	0.56	0.49	0.46	0.57
赣州市	7.95	9.66	9.26	8.88	9.11	9.56
吉安市	1.14	2.14	1.88	2.02	2.16	1.95
宜春市	3.41	3.38	3.49	3.55	3.42	3.72
抚州市	4.55	4.34	4.06	4.43	4.66	4.70
上饶市	2.27	2.55	2.71	2.46	1.63	1.78

5.1.2　学科结构情况

江西省高等院校教学层次近年来发展较快，本科生在校人数的比例从 2006 年的 38%逐步提高到 2012 年的 54.5%。从学科结构来看，工学是江西省高等教育最大门类，占到在校人数的 30%以上，其次是文学，占到 15%左右，经济学和管理学共占 25%左右。

江西省高等教育分学科在校人数见表 5-6。

表 5-6　江西省高等教育分学科在校人数　（人）

学科	2006 年	2007 年	2008 年	2009 年	2010 年	2011 年	2012 年
总计	770525	781686	764182	793488	816484	819356	840895
哲学	203	294	323	341	328	326	312
经济学	34758	36326	37072	37343	37231	25706	26075
法学	23364	21925	20712	20812	21538	12254	13494
教育学	40449	44696	46542	50255	51745	14907	16297
文学	123673	125249	123603	125754	125766	85344	91839
外语	52661	54094	53442	53440	50961	30518	31315
理学	26211	27602	29620	31366	34107	33530	33805
工学	308547	300342	276625	285751	292540	136127	144943
农学	5760	6473	7164	7964	8938	5289	5288
医学	52122	57770	61948	63980	64468	34984	37229
管理学	154442	159867	59648	168471	178108	78278	87208
本科	293429	318729	346725	366922	398888	428600	458454
专科	477096	462957	417457	426566	417596	390756	382441

从近年来变化趋势来看，工学在校人数最高，但近年来呈现下降趋势，经济学和管理学的比例基本稳定，文学、理学、医学和农学的比重在逐步提高，教育学和法学的比例在下降。

江西省高等教育分学科在校人数比重变动如图 5-2 所示。

江西省分学科在校人数比重与全国平均水平相比，其中哲学、经济学规模逐步提高，已接近或超过全国平均水平；法学、理学和农学与全国平均水平差距很大，需要提高规模；医学规模始终高于全国平均水平。

全国高等教育分学科在校人数与江西在校人数的比例见表 5-7。

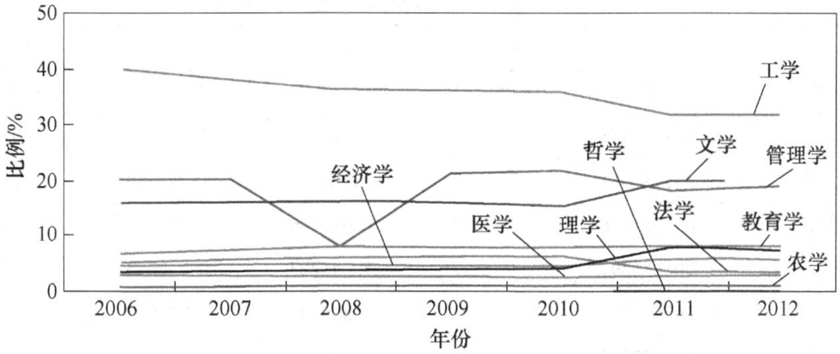

图 5-2　江西省高等教育分学科在校人数比重变动

表 5-7　全国高等教育分学科在校人数与江西在校人数的比例

学　科	2008 年	2009 年	2010 年	2011 年	2012 年
哲　学	1.028686	1.040959	1.00827	0.850864	0.884918
经济学	1.049114	1.069351	1.099883	0.995121	1.032254
法　学	1.270498	1.235273	1.182541	1.300457	1.231728
教育学	0.847275	0.774268	0.732391	1.010603	1.02166
文　学	0.950921	0.962056	0.986234	0.943029	0.933685
理　学	1.475578	1.424588	1.348477	1.219666	1.249941
工　学	0.993972	1.002414	1.004337	0.997503	1.002319
农　学	1.930909	1.797001	1.64279	1.417655	1.488351
医　学	0.924343	0.955987	0.981328	0.856165	0.868496
管理学	2.50814	0.943315	0.941537	0.958272	0.943721

注：数值为全国高等教育分学科在校人数/江西省分学科在校人数。

与相对比较发达的江苏省相比，哲学、教育学、文学和医院的比重偏大，理学、工学和农学的比重偏小。同时，江西省哲学、理学和教育学在校人员发展很快，经济学和文学相对在校人数规模有所下降。

与湖南省相比，江西哲学和管理学在校人数相对份额较大，理学、农学和医院的比重偏小。同时，管理学和理学的差距逐步缩小。

江西省学科招生人数与全国招生人数相比，其中，哲学、经济学、法学、文学、理学、农学的招生人数低于全国平均水平，这些学科应该加大比重；与江苏省相比，哲学、经济学、差距更为明显，与湖南水平差距很小，说明江西省在这些学科应该加大扶持力度，江西省的管理学与全国水平相比，走在全国前列，这种优势与发达地区的江苏省相比，更为明显。

全国与江西分学学科招生人数比重见表 5-8。

表 5-8 全国与江西分学学科招生人数比重

学 科	2008 年	2009 年	2010 年	2011 年	2012 年
哲 学	1. 248214021	0. 956941	1. 213977	0. 824706	1. 066272
经济学	1. 108684378	1. 151244	1. 182663	1. 096398	1. 055026
法 学	1. 263433691	1. 170377	1. 07847	1. 247284	1. 242333
教育学	0. 652851776	0. 658062	0. 613346	1. 089332	1. 032237
文 学	1. 006846893	1. 003397	1. 041223	0. 942843	0. 942766
理 学	1. 547107769	1. 42678	1. 326581	1. 313973	1. 405983
工 学	1. 013422938	1. 000197	1. 008261	0. 967408	0. 9915
农 学	1. 982982526	1. 674458	1. 589237	1. 569621	1. 577359
医 学	0. 789157689	0. 913581	0. 942784	0. 798325	0. 821219
管理学	0. 973349081	0. 968837	0. 962354	0. 937436	0. 894575

横向对比来看，不考虑经济社会发展水平，江西省在农学、理学方面在校人数、招生规模和毕业人数规模偏小。管理学和哲学的在校人数、招生规模和毕业人数的规模偏大。

5. 2 江西省产业结构现状与特征分析

5. 2. 1 江西省三次产业地区生产总值构成情况

江西省产业发展经历了三个阶段，1995 年以前是典型的“一二三”型，1996~2003 年是“三二一”型，2004 年之后是“二三一”型。

江西省三次产业地区生产总值构成变动如图 5-3 所示。

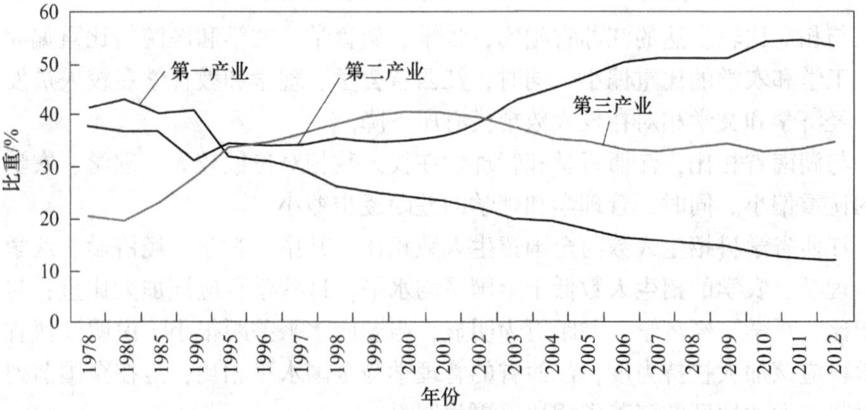

图 5-3 江西省三次产业地区生产总值构成变动

横向比较来看，江西省农业和建筑业在地区生产总值中的比重始终高于全国平均水平。工业份额在2008年之前一直低于全国平均份额，2008年之后超过全国平均份额。第三产业的发展则经历了三个阶段，在1996~2002年之间，江西省第三产业产值份额高于全国平均水平，2002年之后江西省第三产业的发展滞后于全国平均水平。

全国三次产业增加值比重与江西省的比较如图5-4所示。

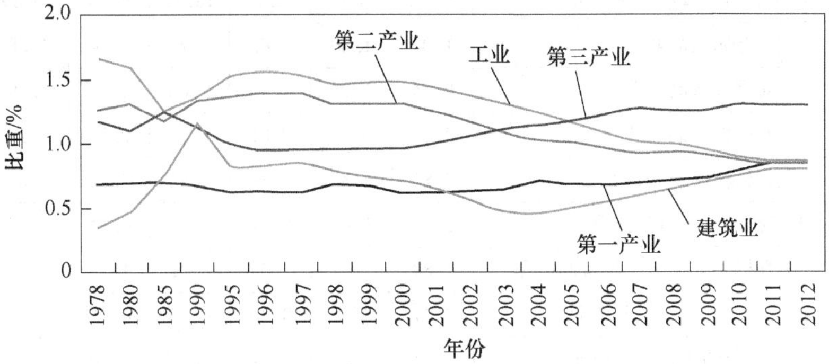

图5-4　全国三次产业增加值比重与江西省的比较

（采用全国三次产业比例/江西省三次产业比例计算）

分行业来看，有色金属冶炼及压延加工业利税总额份额达到20%左右，其次是化学原料及化学制品制造业、非金属矿物制品业和烟草制品业（表5-9）。

表5-9　江西省工业部门各行业利税总额份额　（%）

利税总额占比	2005年	2006年	2007年	2008年	2009年	2010年	2011年
煤炭开采和洗选业工业企业	3.50	3.16	2.75	3.03	35.82	2.37	2.04
黑色金属矿采选业	0.95	0.99	1.51	2.47	1.27	1.85	1.66
有色金属矿采选业	5.93	5.93	5.27	3.87	1.26	2.39	3.53
非金属矿采选业	0.85	1.22	1.17	1.24	0.76	0.98	0.72
农副食品加工业	2.63	2.02	2.96	5.05	2.79	4.13	3.90
食品制造业	1.42	1.23	1.12	2.29	1.44	1.92	1.73
饮料制造业	2.75	2.35	2.36	2.55	1.73	1.95	1.89
烟草制品业	17.64	13.33	9.76	6.89	4.59	5.23	4.71
纺织业	2.09	1.73	2.39	3.45	2.18	3.61	3.71
纺织服装鞋帽制造业	1.68	1.37	1.44	1.95	1.19	1.76	2.48
造纸及纸制品业	1.36	0.86	1.39	1.68	0.96	1.32	1.24
石油加工及炼焦加工业	1.09	−2.84	1.08	−2.54	4.18	3.62	2.37
化学原料及化学制品制造业	6.17	5.53	6.41	9.03	6.66	12.46	10.52

续表 5-9

利税总额占比	2005 年	2006 年	2007 年	2008 年	2009 年	2010 年	2011 年
医药制造业	5.50	4.54	4.01	4.14	2.61	3.66	3.61
化学纤维制造业	-1.75	0.05	0.60	0.42	0.20	0.31	0.36
非金属矿物制品业	4.31	4.91	7.21	9.53	6.60	10.18	12.14
黑色金属冶炼及压延加工业	6.47	5.03	6.91	5.18	2.64	3.81	3.24
有色金属冶炼及压延加工业	18.99	31.45	22.17	18.40	9.75	16.89	20.65
金属制品业	1.08	1.30	1.42	2.24	1.34	1.88	1.87
通用设备制造业	0.74	1.01	1.38	2.00	1.15	1.99	2.28
专用设备制造业	0.83	0.54	0.81	1.29	0.81	1.24	1.36
交通运输设备制造业	8.86	4.33	3.30	3.86	3.15	6.02	5.82
电气机械及器材制造业	2.66	3.66	6.31	11.13	4.74	7.24	6.53
通信设备计算机及其他电子设备制造业	1.89	1.41	1.39	2.03	1.38	2.08	2.52
仪器仪表及办公机械制造业	0.41	0.49	0.55	0.63	0.35	0.52	0.48
电力、热力的生产和供应业	1.95	4.39	4.32	-1.82	0.46	0.61	-1.37

横向对比来看，江西省有色金属矿采选业、非金属矿采选业、化学原料及化学制品制造业以及有色金属冶炼及压延加工业的利税总额份额相对较高，而煤炭开采和洗选业工业企业、石油加工及炼焦加工业、通用设备制造业、专用设备制造业等行业的利税总额份额相对较低。

全国工业部门利税总额份额与江西的比例见表 5-10。

表 5-10 全国工业部门利税总额份额与江西的比例

行　业	2005 年	2006 年	2007 年	2008 年	2009 年	2010 年	2011 年
煤炭开采和洗选业工业企业	1.12	1.19	1.44	2.52	0.16	2.71	3.59
黑色金属矿采选业	0.97	0.92	0.85	0.90	0.94	0.89	1.14
有色金属矿采选业	0.22	0.29	0.28	0.33	0.69	0.43	0.35
非金属矿采选业	0.53	0.37	0.39	0.50	0.72	0.57	0.83
农副食品加工业	1.01	1.40	1.10	0.79	1.43	1.03	1.11
食品制造业	0.94	1.11	1.26	0.68	1.27	0.95	1.10
饮料制造业	0.82	0.94	0.92	0.91	1.37	1.12	1.32
烟草制品业	0.52	0.60	0.74	1.08	1.50	1.13	1.32
纺织业	1.40	1.65	1.18	0.87	1.31	0.85	0.83
纺织服装鞋帽制造业	0.80	1.00	0.91	0.80	1.32	0.87	0.60
造纸及纸制品业	0.94	1.52	0.98	0.83	1.36	0.98	0.95

续表 5-10

行　业	2005 年	2006 年	2007 年	2008 年	2009 年	2010 年	2011 年
石油加工及炼焦加工业	0.99	-0.05	1.94	0.65	1.89	1.81	2.02
化学原料及化学制品制造业	1.06	1.03	1.03	0.70	0.90	0.54	0.67
医药制造业	0.39	0.40	0.51	0.59	0.96	0.64	0.68
化学纤维制造业	-0.19	7.70	0.95	0.63	25.57	2.02	1.56
非金属矿物制品业	0.67	0.66	0.53	0.51	0.74	0.51	0.46
黑色金属冶炼及压延加工业	1.08	1.34	1.10	1.03	1.39	1.04	1.09
有色金属冶炼及压延加工业	0.15	0.14	0.20	0.15	0.25	0.17	0.15
金属制品业	1.87	1.53	1.38	1.09	1.71	1.31	1.28
通用设备制造业	5.42	4.02	3.08	2.51	3.99	2.45	2.07
专用设备制造业	2.51	4.28	3.35	2.44	3.71	2.66	2.45
交通运输设备制造业	0.60	1.42	2.17	1.98	2.87	1.65	1.58
电气机械及器材制造业	1.52	1.12	0.69	0.51	1.16	0.76	0.77
通信设备计算机及其他电子设备制造业	2.88	3.81	3.60	2.33	3.13	2.39	1.72
仪器仪表及办公机械制造业	2.33	1.98	1.76	1.61	2.64	1.82	1.94
电力、热力的生产和供应业	3.83	1.88	1.64	-1.08	7.44	5.83	-2.23

5.2.2　江西省三次产业就业结构情况

随着农村劳动力转移，江西省三次产业就业结构从第一产业一支独大逐步发展到区域平衡，其发展过程经历了三个阶段，从 1996 年前的“一二三”结构，到 1997~2010 年的“一三二”结构，2011 年后成为“三一二”结构。

江西省三次产业就业人数占比情况如图 5-5 所示。

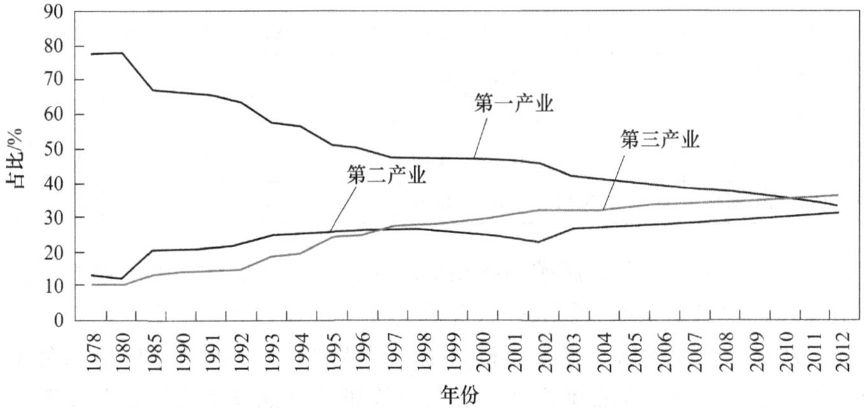

图 5-5　江西省三次产业就业人数占比情况

具体分行业来看，农、林、牧、渔业虽然始终占据第一的位置，但其比重在不断下降；其次是采矿业制造业，就业人数占就业总量的20%左右；再次是批发和零售业占到15%左右（见表5–11）。

表5–11 江西省分行业就业结构变动

行业	2003年	2004年	2005年	2006年	2007年	2008年	2009年	2010年	2011年	2012年
农、林、牧、渔业	42.31	41.19	40.12	39.34	38.22	37.71	36.78	35.81	34.67	33.06
采矿业制造业	20.36	21.11	21.24	21.38	21.76	21.57	21.30	21.81	21.27	21.82
电力、热力、燃气及水生产和供应业	0.43	0.44	0.45	0.44	0.44	0.41	0.44	0.45	0.45	0.73
建筑业	5.59	5.60	5.70	5.90	5.95	6.30	7.52	7.61	8.67	8.61
交通运输、仓储和邮政业	3.84	3.48	3.72	3.60	3.58	3.41	3.05	3.42	3.29	2.93
信息传输、软件和信息技术服务业	0.25	0.36	0.51	0.52	0.48	0.42	0.76	1.06	1.38	1.50
批发和零售业	11.62	12.02	12.16	12.82	14.56	14.67	14.54	15.79	16.81	17.15
住宿和餐饮业	5.39	5.40	5.43	5.45	5.49	6.07	5.35	4.74	5.12	4.44
金融业	0.40	0.40	0.38	0.38	0.36	0.38	0.43	0.45	0.45	0.45
房地产	0.09	0.27	0.32	0.41	0.41	0.53	0.59	0.76	0.46	0.68
租赁和商务服务业	0.16	0.28	0.36	0.40	0.53	0.68	0.80	0.85	0.67	0.77
科学研究和技术服务业	0.23	0.24	0.24	0.24	0.23	0.23	0.24	0.25	0.26	0.30
水利、环境和公共设施管理业	0.20	0.20	0.19	0.21	0.20	0.23	0.22	0.24	0.23	0.25
居民服务、修理和其他服务业	5.18	4.61	5.15	4.86	3.62	3.47	3.98	2.71	2.39	2.81
教育	2.00	2.03	2.02	2.02	1.98	1.89	1.92	1.93	1.91	1.75
卫生和社会工作	0.60	0.64	0.66	0.67	0.66	0.67	0.68	0.72	0.72	0.85
文化、体育和娱乐业	0.37	0.54	0.34	0.34	0.43	0.34	0.35	0.34	0.26	0.53
卫生和社会工作	0.60	0.64	0.66	0.67	0.66	0.67	0.68	0.72	0.72	0.85
文化、体育和娱乐业	0.37	0.54	0.34	0.34	0.43	0.34	0.35	0.34	0.26	0.53

从工业部门来看，非金属矿物制品业就业人数比重最高，占工业部门就业总量的10%；其次是纺织业，煤炭开采和洗选业，工业企业和电力、热力的生产和供应业。从变动情况来看，化学原料及化学制品制造业、有色金属冶炼及压延加工业、电气机械及器材制造业和通信设备计算机及其他电子设备制造业等行业近年来就业人数占比呈现上升趋势；而煤炭开采和洗选业工业企业、纺织业和电

力、热力的生产和供应业则出现下降趋势（表5-12）。

表5-12 江西省工业部门就业结构

就业人数占比	2005年	2006年	2007年	2008年	2009年	2010年	2011年
煤炭开采和洗选业工业企业	8.53	8.95	7.77	6.45	5.82	5.64	4.86
黑色金属矿采选业	0.80	0.99	0.97	0.90	0.86	0.82	0.86
有色金属矿采选业	2.94	2.84	2.70	2.63	2.09	2.00	2.02
非金属矿采选业	0.82	0.90	0.94	1.19	0.91	0.89	0.67
农副食品加工业	3.00	2.88	3.33	3.90	4.08	3.93	3.46
食品制造业	2.03	2.13	2.15	2.59	2.64	2.48	2.25
饮料制造业	1.59	1.55	1.63	1.49	1.46	1.45	1.64
烟草制品业	0.66	0.58	0.48	0.32	0.32	0.28	0.38
纺织业	8.90	8.41	8.87	8.08	8.05	7.68	7.13
纺织服装鞋帽制造业	5.49	4.81	4.64	4.37	5.23	5.66	5.77
造纸及纸制品业	1.66	1.50	1.47	1.64	1.58	1.61	1.54
石油加工及炼焦加工业	0.90	0.78	0.74	0.63	0.72	0.69	0.81
化学原料及化学制品制造业	6.34	7.54	7.70	8.33	8.35	9.35	7.95
医药制造业	4.86	5.32	4.97	4.63	4.80	4.56	4.40
化学纤维制造业	1.01	0.87	0.75	0.38	0.23	0.28	0.28
非金属矿物制品业	10.77	10.14	10.90	10.98	10.64	10.76	9.94
黑色金属冶炼及压延加工业	5.95	5.49	5.03	4.47	4.48	4.14	4.17
有色金属冶炼及压延加工业	4.24	4.55	5.66	7.37	7.13	6.88	6.99
金属制品业	1.58	1.68	1.91	2.06	1.93	2.02	1.93
通用设备制造业	2.79	2.80	2.64	2.59	2.65	2.64	2.92
专用设备制造业	2.35	2.19	1.91	2.46	2.09	2.08	2.17
交通运输设备制造业	6.21	5.72	6.26	5.67	5.81	5.87	5.91
电气机械及器材制造业	3.74	3.78	4.96	6.45	7.09	7.11	7.52
通信设备计算机及其他电子设备制造业	3.02	3.49	3.85	4.05	4.82	5.54	6.44
仪器仪表及办公机械制造业	1.33	1.18	1.09	1.04	1.18	1.35	1.30
电力、热力的生产和供应业	8.49	8.95	6.69	5.35	5.05	4.28	6.69

从横向对比来看，江西省黑色金属矿采选业、有色金属矿采选业、烟草制品业、化学原料及化学制品制造业、医药制造业以及有色金属冶炼及压延加工业等行业的就业规模高于全国平均水平。江西工业部门与全国就业结构比较见表5-13。

表 5-13 江西工业部门与全国就业结构比较

专 业	2005 年	2006 年	2007 年	2008 年	2009 年	2010 年	2011 年
煤炭开采和洗选业工业企业	0.87	0.83	0.89	1.03	1.15	0.13	1.35
黑色金属矿采选业	0.87	0.73	0.75	0.91	0.89	0.11	0.95
有色金属矿采选业	0.24	0.25	0.30	0.27	0.32	0.04	0.33
非金属矿采选业	0.90	0.78	0.73	0.61	0.80	0.09	1.00
农副食品加工业	1.26	1.32	1.18	1.07	1.09	0.13	1.31
食品制造业	1.01	0.96	0.93	0.79	0.81	0.10	0.99
饮料制造业	0.95	0.95	0.92	1.00	1.07	0.12	1.05
烟草制品业	0.50	0.52	0.57	0.82	0.82	0.11	0.65
纺织业	1.13	1.17	1.05	1.07	1.01	11.66	1.04
纺织服装鞋帽制造业	1.07	1.25	1.33	1.39	1.13	0.11	0.83
造纸及纸制品业	1.33	1.43	1.40	1.23	1.27	0.14	1.20
石油加工及炼焦加工业	1.41	1.58	1.62	1.82	1.55	0.18	1.49
化学原料及化学制品制造业	0.91	0.76	0.74	0.68	0.70	0.07	0.72
医药制造业	0.43	0.39	0.41	0.43	0.44	0.05	0.51
化学纤维制造业	0.72	0.80	0.90	1.58	2.41	0.21	2.12
非金属矿物制品业	0.66	0.67	0.61	0.60	0.63	0.07	0.65
黑色金属冶炼及压延加工业	0.82	0.86	0.90	0.93	0.95	0.12	1.02
有色金属冶炼及压延加工业	0.52	0.48	0.41	0.33	0.33	0.04	0.35
金属制品业	2.40	2.36	2.14	2.11	2.18	0.24	2.03
通用设备制造业	2.16	2.16	2.38	2.52	2.43	0.28	2.13
专用设备制造业	1.59	1.71	2.00	1.66	1.95	0.22	1.88
交通运输设备制造业	0.96	1.04	0.97	1.11	1.13	0.14	1.23
电气机械及器材制造业	1.67	1.71	1.35	1.09	1.00	0.12	1.00
通信设备计算机及其他电子设备制造业	2.47	2.31	2.27	2.22	1.82	0.19	1.60
仪器仪表及办公机械制造业	1.13	1.34	1.46	1.49	1.26	0.13	1.20
电力、热力的生产和供应业	0.51	0.46	0.57	0.64	0.73	0.09	0.48

5.2.3 江西省产业结构偏离度

从表 5-14 不难看出，江西省农业部门的结构偏离系数始终大于零，劳动生产率较低，且偏离系数有变大趋势，说明就业结构和产值结构匹配程度在恶化。第二产业的结构偏离系数始终小于零，说明劳动生产率较高；第三产业在 2007 年之前结构偏离系数小于零，之后结构偏离系数趋于零，说明第三产业的就业结构和产值结构匹配程度逐步合理。

表 5-14 结构偏差系数和结构偏离度

年份	结构偏差系数			结构偏离度			
	第一产业	第二产业	第三产业	第一产业	第二产业	第三产业	总偏离度
1978	0.856	-0.658	-0.52	35.6	-25	-10.6	71.2
1980	0.786	-0.667	-0.49	34.2	-24.6	-9.6	68.4
1985	0.651	-0.448	-0.43	26.3	-16.4	-9.9	52.6
1990	0.602	-0.349	-0.496	24.7	-10.9	-13.8	49.4
1995	0.594	-0.275	-0.284	19	-9.5	-9.5	38
1996	0.596	-0.249	-0.291	18.6	-8.5	-10.1	37.2
1997	0.595	-0.243	-0.257	17.6	-8.3	-9.3	35.2
1998	0.779	-0.26	-0.292	20.4	-9.2	-11.2	40.8
1999	0.849	-0.274	-0.293	21.3	-9.6	-11.7	42.6
2000	0.926	-0.303	-0.289	22.4	-10.6	-11.8	44.8
2001	0.983	-0.349	-0.254	22.9	-12.6	-10.3	45.8
2002	1.068	-0.41	-0.192	23.4	-15.8	-7.6	46.8
2003	1.111	-0.389	-0.145	22.1	-16.7	-5.4	44.2
2004	1.135	-0.404	-0.099	21.8	-18.3	-3.5	43.6
2005	1.229	-0.425	-0.055	22	-20.1	-1.9	44
2006	1.399	-0.452	-0.003	22.8	-22.7	-0.1	45.6
2007	1.436	-0.454	0.027	22.4	-23.3	0.9	46.6
2008	1.461	-0.449	0.021	22.2	-22.9	0.7	45.8
2009	1.535	-0.434	0.003	22.1	-22.2	0.1	44.4
2010	1.781	-0.454	0.055	22.8	-24.6	1.8	49.2
2011	1.891	-0.449	0.06	22.5	-24.5	2	49
2012	1.788	-0.422	0.043	21.1	-22.6	1.5	45.2

具体从工业部门行业来看，煤炭开采和洗选业工业企业、食品制造业、纺织业、纺织服装鞋帽制造业等行业的结构偏离系数始终大于零，劳动生产率较低；而有色金属冶炼及压延加工业和石油加工及炼焦加工业结构偏离系数始终小于零，劳动生产率较高。江西省工业部门分行业结构偏离系数见表 5-15。

表 5-15 江西省工业部门分行业结构偏离系数

行 业	2005 年	2006 年	2007 年	2008 年	2009 年	2010 年	2011 年
煤炭开采和洗选业工业企业	1.44	1.83	1.82	1.13	-0.84	1.38	1.38
黑色金属矿采选业	-0.16	0.00	-0.36	-0.64	-0.33	-0.56	-0.48

续表 5-15

行 业	2005 年	2006 年	2007 年	2008 年	2009 年	2010 年	2011 年
有色金属矿采选业	-0.50	-0.52	-0.49	-0.32	0.65	-0.16	-0.43
非金属矿采选业	-0.04	-0.26	-0.19	-0.04	0.19	-0.09	-0.07
农副食品加工业	0.14	0.43	0.13	-0.23	0.46	-0.05	-0.11
食品制造业	0.43	0.74	0.92	0.13	0.83	0.30	0.30
饮料制造业	-0.42	-0.34	-0.31	-0.41	-0.15	-0.26	-0.13
烟草制品业	-0.96	-0.96	-0.95	-0.95	-0.93	-0.95	-0.92
纺织业	3.25	3.85	2.72	1.34	2.69	1.13	0.92
纺织服装鞋帽制造业	2.28	2.50	2.22	1.24	3.40	2.22	1.33
造纸及纸制品业	0.23	0.74	0.05	-0.02	0.65	0.22	0.24
石油加工及炼焦加工业	-0.18	-1.27	-0.32	-1.25	-0.83	-0.81	-0.66
化学原料及化学制品制造业	0.03	0.36	0.20	-0.08	0.25	-0.25	-0.24
医药制造业	-0.12	0.17	0.24	0.12	0.84	0.25	0.22
化学纤维制造业	-1.57	18.11	0.25	-0.10	0.12	-0.07	-0.23
非金属矿物制品业	1.50	1.07	0.51	0.15	0.61	0.06	-0.18
黑色金属冶炼及压延加工业	-0.08	0.09	-0.27	-0.14	0.70	0.09	0.29
有色金属冶炼及压延加工业	-0.78	-0.86	-0.74	-0.60	-0.27	-0.59	-0.66
金属制品业	0.46	0.30	0.34	-0.08	0.44	0.08	0.03
通用设备制造业	2.79	1.76	0.91	0.30	1.31	0.32	0.28
专用设备制造业	1.81	3.02	1.35	0.91	1.58	0.68	0.60
交通运输设备制造业	-0.30	0.32	0.90	0.47	0.85	-0.02	0.01
电气机械及器材制造业	0.40	0.03	-0.21	-0.42	0.50	-0.02	0.15
通信设备计算机及其他电子设备制造业	0.60	1.48	1.78	1.00	2.49	1.67	1.56
仪器仪表及办公机械制造业	2.24	1.41	1.00	0.65	2.32	1.60	1.70
电力、热力的生产和供应业	3.35	1.04	0.55	-3.94	9.97	5.97	-5.89

5.2.4 产业产值结构与产业就业结构的互动关系

从以上对产业结构偏差的分析，可知产业的产值结构和就业结构尽管不会以同一速度变化，但两者之间存在一定关联，是相互影响的。产值结构的变化会影响产业各部门的劳动需求量及相对劳动生产率，引起产业各部门之间劳动力的流动，从而改变产业的就业结构。同时就业结构的变化会影响企业的经营决策，改变企业的技术选择，进而引起产业产值结构的变化。

表 5-16 表示的是改革开放至今江西省的产业产值结构和就业结构之间的相关系数。其中，P_1、P_2、P_3 分别表示当年度第一产业、第二产业和第三产业的产值比重，E_1、E_2、E_3 分别表示当年度第一产业、第二产业和第三产业的就业比重，$P_1(-1)$、$P_2(-1)$、$P_3(-1)$ 和 $E_1(-1)$、$E_2(-1)$、$E_3(-1)$ 分别表示上年度的产值结构和就业结构。

表 5-16 江西省的产业产值结构和产业就业结构的相关系数表

项目		产业产值结构					
		P_1	P_2	P_3	$P_1(-1)$	$P_2(-1)$	$P_3(-1)$
产业就业结构	E_1	0.9610	-0.6711	-0.7466	0.9714	-0.9697	0.6729
	E_2	-0.8842	0.6231	0.6795	-0.7184	0.7774	-0.6857
	E_3	-0.9743	0.6772	0.7613	-0.9907	0.9440	-0.5726
	$E_1(-1)$	0.9714	-0.9772	0.5677			
	$E_2(-1)$	-0.7619	0.8942	-0.8075			
	$E_3(-1)$	-0.9828	0.9028	-0.3307			

资料来源：根据《江西统计年鉴》整理和计算。

由表 5-16 可知：

（1）江西省第一产业的就业比重与第二产业、第三产业的产值比重呈高度负相关，表明江西省第一产业就业比重的快速下降与江西省非农产业持续迅猛的发展有密切关系。我们认为是非农产业的壮大创造了大量的就业机会，使农业富余劳动力的转移成为可能，同时农业劳动力向非农产业的转移，为江西非农产业的发展提供了丰富的低成本的劳动力资源。

（2）第二产业、第三产业的就业比重与第二产业、第三产业的产值比重之间相互呈正相关，表明第二产业和第三产业的劳动力要素投入的增加会扩大各自产业的产值，同时各产业产值的扩大又会使各产业的劳动力需求增加，就业与产值互为因果关系。而第二产业和第三产业之间的交叉正相关还说明江西省的第二产业和第三产业无论是在产值比重上还是在就业比重上都是同一趋势增长，不存在此消彼长的关系。这主要是因为江西省的第二产业和第三产业在技术特性上都以劳动密集型为主，新增劳动力又大都来自于农业转移劳动力，两者之间并没有太明显的结构性差异。这也反映出江西的结构变迁如前所述还未进入到“Petty-Clark”法则的第二阶段（产业结构重心从第二产业向第三产业转移的阶段）。

5.3 江西省高等教育学科结构与产业结构适配情况的定量分析

高等院校学科结构的差异一方面会引起人力资源供给结构的差异，进而引起劳动市场就业结构的变动，形成对产业结构的影响；另一方面，学科结构的差异会造成人力资本，尤其是人才结构的差异，引起不同产业知识积累和技术创新的能力和水平的差异，实现对产业结构的引领作用。

本书在收集整理教育统计年鉴数据的基础上，利用因子分析、典型相关分析和回归分析等方法对江西省高等教育学科结构和产业结构的适配度进行定量测算。

5.3.1 江西省高等教育学科结构和产业产值结构的关系

为研究福建高等教育学科结构与产业结构的关系，对 1999~2012 年江西省高等教育学科结构与产业结构进行统计分析。高等教育学科结构指标用分学科毕业生数来表示，产业结构指标用各产业工业总产值来表示。

5.3.1.1 典型相关分析

要分析两组变量之间的相关性，虽然可以计算两组变量间的简单相关系数和偏相关系数矩阵，但难以整体把握各变量之间的关系，也不能确定变量之间是简单相关还是复相关，因此本书选用将两组变量各自作为整体进行典型相关分析，即 canonical correlation。

考虑到高校毕业生对产业影响的滞后性，将产业结构指标滞后一期进入模型。同时，为了消除时间因素带来的变量相关性，各变量采用年度增长率指标。

表 5-17 分组相关系数输出的是高等教育学科结构与产业结构之间的相关系数，从二者的直接相关系数看，学科与产业结构的关联程度较大，此典型相关系数矩阵可真正反映两组变量间的实质联系。

表 5-17 典型相关系数

学科	Var2	Var5	Var6	Var7	Var9
Var10	-0. 0982	-0. 0914	0. 8454	-0. 5119	-0. 5187
Var11	0. 2585	0. 3644	0. 2211	0. 2090	0. 1701
Var12	0. 0936	0. 1463	0. 0849	0. 0956	-0. 0028
Var14	-0. 1216	-0. 1065	0. 1467	0. 0184	-0. 0203
Var15	-0. 4204	-0. 3656	-0. 1328	0. 3689	0. 4676
Var16	-0. 4924	-0. 4121	0. 1192	0. 2064	0. 2751

注：var2：经济管理，var5：文学，var6：理学，var7：工学，var9：医学，var10：第一产业，var11：工业，var12：建筑业，var14：交通运输仓储和邮政业，var15：批发零售和住宿餐饮业，var16：金融业。

高等教育学科结构的典型变量的计算公式为：

$U=-0.6973\mathrm{Var2} + 1.6212\mathrm{Var5} + 1.1228\mathrm{Var6} - 2.2529\mathrm{Var7} + 2.9390\mathrm{Var9}$

来自于产业结构指标的典型变量：

$V=-0.5997\mathrm{Var10}+0.4287\mathrm{Var11}+0.3521\mathrm{Var12} - 0.6625\mathrm{Var14} - 0.0278\mathrm{Var15}+0.8055\mathrm{Var16}$

基于高等教育学科结构与产业结构典型相关系数，典型结构分析如图 5-6 所示。

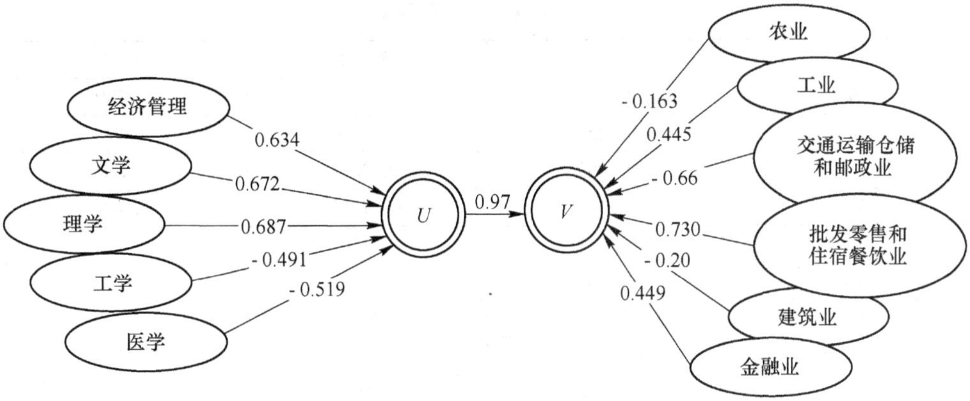

图 5-6 典型分析结构

5.3.1.2 因子分析

由于学科结构各变量之间存在严重的多重共线性分析，故采用因子分析进行降维。

利用 Stata 软件对学科结构变量的因子分析（表 5-18）表明，特征根大于 1 的公共因子有 3 个，分别是因子 1、因子 2 和因子 3，3 个公共因子的累计方差解释率达到 87.96%。

表 5-18 学科结构变量的因子分析结果

(obs = 12)

Number of obs = 12

Retained factors = 8

Number of params = 36

因子	固有值	差别	比例	累计
1	4.25194	1.77649	0.4834	0.4834
2	2.47544	1.46570	0.2814	0.7648
3	1.00974	0.53391	0.1148	0.8796
4	0.47584	0.04544	0.0541	0.9337
5	0.43040	0.28479	0.0489	0.9827
6	0.14561	0.13714	0.0166	0.9992
7	0.00847	0.00310	0.0010	1.0002
8	0.00537	0.01229	0.0006	1.0008
9	−0.00692		−0.0008	1.0000

利用碎石图进一步验证 3 个公共因子的有效性。通过因子旋转，得到各学科结构变量在公共因子上的载荷，整理出前 3 个主因子的正交因子表（表 5–19）。

表 5–19 正交因子表

项目	因子 1	因子 2	因子 3
Var1	0. 0165	−0. 077	0. 0530
Var2	0. 9231	−0. 171	−0. 034
Var3	0. 8499	−0. 3055	−0. 1229
Var4	0. 5103	−0. 1731	−0. 0166
Var5	0. 9543	−0. 1208	0. 0146
Var6	0. 1458	−0. 6556	0. 7115
Var7	−0. 1686	0. 9325	−0. 2388
Var8	−0. 1787	−0. 3207	0. 9145
Var9	−0. 2840	0. 9023	−0. 2912

高载荷分类见表 5–20。

表 5–20 高载荷分类

项目	因子 1	因子 2	因子 3
高载荷指标	Var2 经济管理 Var3 法学 Var5 文学 Var4 教育学	Var7 工学 Var9 医学	Var6 理学 Var8 农学
因子命名	人文学科	应用学科	基础学科

5. 3. 1. 3 回归分析

将公共因子带入原模型，利用 Stata 进行稳健回归，得到学科公共因子对各个产业产值影响的系数。结果见表 5–21。

表 5–21 稳健回归结果

行 业	因子 1 人文学科	因子 2 应用学科	因子 3 基础学科	R^2
第一产业	−2. 04	−1. 84	−1. 553	
工 业	0. 034	−0. 027	0. 0175	0. 2681
建筑业	0. 008	−0. 021	−0. 005	0. 0563
交通运输仓储和邮政业	−0. 036②	0. 022③	0. 009①	0. 2904
批发零售和住宿餐饮业	0. 015	−0. 005	0. 039③	0. 4627
金融业	−0. 041	−0. 018	0. 103③	0. 2815

注：①、②、③同表 2–6。

从表 5-21 可以看出，人文学科公共因子对交通运输仓储和邮政产值的影响为-0. 036，在 5%的水平上显著；应用学科的回归系数为 0. 22，在 1%的水平上显著；基础学科的回归系数为 0. 009，在 10%的水平上显著；总体方差解释力度为 0. 29。基础学科公共因子对批发零售和住宿餐饮业和金融业产值均有显著的正向影响。其他回归模型并没有取得预期结论。

总体来看，江西省高等院校学科结构和产业产值结构之间的相关性并未获得有效支持。造成这种结果的可能原因在于产业产值影响因素的复杂性并未在模型中得到体现。但从分析结论来看，当前江西省应加强理学和农学等学科的建设和培育，以促进批发零售和住宿餐饮业和金融业的发展。

5. 3. 2 江西省高等教育学科结构和产业就业结构的关系

高等院校学科结构对于产业结构的支撑作用体现在对于产业人力资源需求的满足。本书利用因子分析结论，验证江西省学科结构对于产业就业结构的影响。

利用 Stata 统计软件，将公共因子带入模型进行稳健回归。结果见表 5-22。

表 5-22 各学科因子对产业就业人数影响的稳健回归结果

行 业	因子 1 人文学科	因子 2 应用学科	因子 3 基础学科	R^2
农、林、牧、渔业	15. 00③	-9. 36③	-7. 93③	0. 888
采矿业制造业	-20. 51②	4. 89	6. 08	0. 421
电力、热力、燃气及水生产和供应业	-1. 67③	1. 72③	0. 376③	0. 945
建筑业	-28. 66③	2. 34	14. 03	0. 806
交通运输、仓储和邮政业	1. 176	-1. 844①	-0. 0127	0. 319
信息传输、软件和信息技术服务业	-8. 99③	1. 679①	4. 498③	0. 890
批发和零售业	-40. 78②	7. 80	21. 60②	0. 581
住宿和餐饮业	5. 012②	-0. 616	2. 352②	0. 3683
金融业	-1. 055③	-0. 087	0. 3084③	0. 903
房地产	-3. 44②	0. 054	-0. 681	0. 474
租赁和商务服务业	-3. 870②	-0. 377	0. 071	0. 4087
科学研究和技术服务业	-0. 561③	0. 295③	0. 183③	0. 8631
水利、环境和公共设施管理业	-0. 526③	0. 096	0. 079	0. 616
居民服务、修理和其他服务业	10. 61	1. 873	-7. 33②	0. 4843
教育	-0. 362	-0. 771②	0. 262	0. 357
卫生和社会工作	-1. 71③	0. 905③	0. 549②	0. 784
文化、体育和娱乐业	-0. 359	1. 34③	-0. 439③	0. 565

注：1. 人文学科包括经济管理、法学、文学；应用学科包括工学和医院；基础学科包括理学和农学。
2. ①、②、③同表 2-6。

江西省人文学科毕业生的增加会提高农、林、牧、渔业，住宿和餐饮业的就业规模，影响采矿业制造业、建筑业、信息传输、软件和信息技术服务业、批发和零售业等行业的就业规模。应用学科毕业生的增加会提高信息传输、软件和信息技术服务业，电力、热力、燃气及水生产和供应业，科学研究和技术服务业，卫生和社会工作，文化、体育和娱乐业等行业的就业规模，影响农、林、牧、渔业，交通运输、仓储和邮政业，教育等行业的就业规模。基础学科毕业生的增长会提高电力、热力、燃气及水生产和供应业，信息传输、软件和信息技术服务业，批发和零售业，住宿和餐饮业，金融业等行业的就业规模，影响农、林、牧、渔业，居民服务、修理和其他服务业和文化、体育和娱乐业的就业规模。

深化高等教育人才培养体制改革。高等教育作为人才形成的重要途径，其层次结构和学科结构直接关系到人才与产业发展的协调程度。应针对人才和产业匹配情况及其变化规律，引导高校前瞻性地调整学科专业设置，鼓励高等学校打破学科壁垒，跨学科设置专业，加大复合型人才培养力度，同时建立高校人才培养结构与产业人才需求实时拟合的监测预警系统[19]。鼓励民营资本进入高等教育领域，以市场化运作弥补计划调节的不足。具体而言，目前需要加大农副食品加工业，化学纤维制造业，废弃资源和废旧材料回收加工业，黑色金属冶炼及压延加工业，有色金属冶炼及压延加工业以及烟草制品业，石油加工、炼焦及核燃料加工业等专业的人才培养力度；适当控制印刷业和记录媒介的复制，通用设备制造业，医药制造业，仪器仪表及文化、办公用机械制造业等相关专业的扩张规模。

打破束缚人才行业间流动的各种障碍。人才资源配置的市场化程度是影响经济竞争力的重要因素，而由于计划经济条件下形成的户籍、档案以及福利制度，人才的合理流动受到了一定束缚。因此，应尽快消除传统体制对人力资源配置的影响，破除户籍、档案、福利等对人才流动的限制，从根本上打破人才流动壁垒，引导人才有序合理流动。

大力发展职业教育，加大中级职称和高级工的培养力度。技能型人才与产业匹配度对劳动生产率有显著影响。作为经济社会发展的重要引擎和“秘密武器”，职业教育在高技能人才培养方面的重要地位已不容置疑。当前，应牢固确立职业教育在国家人才培养体系中的重要位置，促进形成“崇尚一技之长、不唯学历凭能力”的社会氛围。同时，以企业为主导，加强校企联合，加快技能人才培养力度，实现人才和产业协调发展。

第三篇

内求效率：以质量成本优化提升人才培养质量

质量意味着代价。伴随着“高等教育质量工程”逐渐深入，对于中国高校的高额学杂费、负债运营、效率低下等“成本病”的指责不绝于耳。在质量和成本的“双重信任危机”下，定量分析我国高校人才培养质量成本支出的结构和效率，科学测算我国高校质量成本投入的目标区间和最优路径，具有重要的现实意义。

欠发达地区高校人才培养质量成本水平和结构究竟如何？和其他地区相比是否存在改进空间？哪些因素影响高校人才培养质量成本的效率？又应该如何提高人才培养质量成本效率？

本篇以江西省为例，分析欠发达地区高校人才培养质量成本，并通过不同类型高校的对比分析寻求质量成本的改进方向，结合高校人才培养质量成本影响因素，提出欠发达地区高校人才培养质量成本效率的提升路径。

6　欠发达地区高校人才培养质量成本：以江西为例

近年来大学生就业难现象的持续升温引发了社会各界对于我国高等教育质量以及上述一系列政策效果的质疑。科学测算我国高校质量成本投入的目标区间和最优路径，以促进高等教育事业的持续健康发展，不仅十分必要，而且非常紧迫。

本章利用《中国教育经费统计年鉴》数据，对江西省高校人才培养质量成本投入情况进行定量分析，并从结构、效率等角度深入剖析江西省高校人才培养质量成本存在问题的深层次原因。

6.1　高校人才培养质量成本的核算方法

我国各级事业单位的会计财务报表都属于“秘密”级文件，高校的常规运行数据也还没有形成对外公开的制度规范。

为了便于进一步分析和研究中国各层次、各类型、各区域高校人才培养质量成本的现状和特征，本书在参照“支出职能”成本科目的推算步骤的基础上，进一步对基于成本“支出对象”分类原则的中国普通高校质量成本进行近似估算。

鲍温是美国全面研究高等学校运行成本的学者。他按照大学支出的功能和支持的对象两个维度将美国大学成本结构进行了细分：（1）按支出职能，分为教学、教学与院系科研直接支出、学生服务、奖学金、学术支持、机构支持、有组织的科研与社会服务、实验室运行与维护、附属企业、教学医院等；（2）按支出的接受对象，分为人员工资和福利教师、专业人员、管理人员、工人和公用经费与资本性支出设备与图书、设备运行与维修、学生资助、资本性支出。他建议将教学成本细分为一线人员成本和教学辅助性成本，他认为严格地讲，只有前者才是与人才培养紧密相关的成本构成，我们应当关注两者的比例关系。鲍温还进一步指出大学生的人才培养成本只与教学成本和院系科研直接支出相关；有组织的科研和社会服务与人才培养没有密切联系，不应计入人才培养的成本之中。

林荣日（2008）在总结前人研究的基础上指出，校内自主立项科研经费全部计入狭义上的教育成本人才培养成本，其他项目的科研经费按完全意义上的科研人员经费按 1/3 的比例计入。此外，按照教育部的相关规定，涉及行政和管理服务的经费按照 60%的比例计提成本。在公用经费部分，与人才培养质量成本相关的主要有业务费和设备购置费、对“学术支持”科目的计入比例，参照教育部人才培养成本的相关规定，本书将业务费和设备购置费的70%计入人才培养的质量成本。

综合以上考量，将六项科目的比例依次规定为：（1）教学支出占100%；（2）学术支持和辅助支出占70%；（3）学生服务支出占100%；（4）学生奖学金、助学金支出占100%；（5）科研支出占30%；（6）科研支持和设备支出占30%。

根据本书对质量成本内涵和外延的界定，其中与高校人才培养及其质量水平密切相关的成本科目有基本工资、补助工资、其他工资、职工福利、社会保障费奖、贷助学金、业务费设备购置费。

本书分析数据均来自《中国教育经费统计年鉴》。根据《中国教育经费统计年鉴》指标说明，事业性经费支出分为“个人部分支出”和“公用部分支出”两部分。

（1）个人部分支出。包括“工资福利支出”“对个人和家庭的补助”两部分。

1）工资福利支出。反映学校或单位开支的在职职工和临时聘用人员的各类劳动报酬，以及为上述人员缴纳的各项社会保险费等。因此，按70%计入高校人才培养质量成本。

2）对个人和家庭的补助。反映政府对个人和家庭的补助支出。按100%计入高校人才培养质量成本。

（2）公用部分支出。包括“商品和服务支出”和“其他资本性支出”两部分。

1）商品和服务支出。反映学校或单位购买商品和服务的支出（不包括用于购置固定资产的支出）。按30%计入高校人才培养质量成本。

2）其他资本性支出。反映非各级发展与改革部门集中安排用于学校或单位购置固定资产、土地和无形资产，以及购建基础设施、大型修缮所发生的支出。此项不计入高校人才培养质量成本。

基本建设支出是反映各级发展和改革部门集中安排用于学校或单位购置固定资产、土地和无形资产，以及购建基础设施、大型修缮所发生的支出以及与之配套完成上述项目的非公共财政预算资金支出，不包括公共财政预算配套资金。此项不计入高校人才培养质量成本。

6.2 普通高校人才培养质量成本情况

6.2.1 人才培养质量成本总体情况

我国高等教育进入大众化阶段后，普通高等学校教育经费支出增长迅速。由表6-1可见，江西省普通高等学校教育经费支出从2007年的9228113千元提高到2013年的17237992千元，年均增长率达到10.98%。其中，事业性经费支出这期间则从8085532千元提高到17156981千元，年均增长13.36%。而基本建设支出则大幅度下降，从2007年的1142581千元缩减到2013年81011千元，年均减少-35.67%。

表 6-1 江西省普通高等学校教育经费支出明细 （千元）

年份	合计	事业性经费支出	个人部分	工资福利支出	对个人和家庭的补助支出		公用部分	商品和服务支出	其他资本性支出	专项公用支出	专项项目支出	基本建设支出
					总额	助学金						
2007	9228113	8085532	3317970	2298606	1019364	473566	4767562	2199936	2567626	1185889	1381737	1142581
2008	10296666	9538580	3964182	2476012	1488170	846608	5574398	2592072	2982326	1888157	1094169	758086
2009	10554146	9719263	4243340	2738768	1504572	818617	5475923	2802369	2673554	1103902	1569652	834883
2010	12458216	11812246	5214451	3072017	2142434	938247	6597795	3074547	3523248	1661160	1862088	645970
2011	13308187	13214265	5735446	3567570	2167876	1146852	7478819	3700523	3778296	1473328	2304968	93922
2013	17237992	17156981	7738117	4984622	2753495	1329076	9418864	4291926	5126938	1722250	3404688	81011
年均增长率/%	10.98	13.36	15.16	13.77	18.01	18.77	12.02	11.78	12.22	6.42	16.22	-35.67

注：因未能获得《中国教育经费统计年鉴（2013）》，2012 年相关数据缺失。下同。

数据来源：历年《中国教育经费统计年鉴》。若未作特别说明，课题数据均来自历年《中国教育经费统计年鉴》。下同。

在事业性经费支出中，个人部分增长略快于公用部分，两者的年均增幅分别为 15.16%和 12.02%。这其中，工资福利从 2007 年的 2298606 千元提高到 2013 年的 4984622 千元，年均增长 13.77%；对个人和家庭的补助支出从 1019364 千元提高到 2753495，年均增幅高达 18%。

从江西省普通高等学校教育经费支出构成情况来看，事业性经费支出占绝大多数，并且比例在持续提高，从 2007 年 87.62%提高到 2013 年 99.53%。这其中，个人部分和公用部分占普通高等学校教育经费支出的比例也在逐年递增，2013 年分别接近 45%和 55%。见表 6-2。

在个人部分，工资和福利占到绝大多数，它与补助支出的比例基本保持在 2 左右。公用部分中，商品和服务占到半数左右。在江西省普通高等学校教育经费支出项目中，基本建设支出的份额下降非常快，已从 2007 年的 12.38%迅速降到 2013 年 0.47%。

根据 6.1 节中的高校人才培养质量成本核算方法，将表 6-1 中的工资福利支出、对个人和家庭的补助支出和商品和服务支出分别乘以 0.7、1 和 0.3 的系数，构成人才培养质量成本，并分别命名为教师教辅薪水、学生服务和教研设备购置。江西省普通高校人才培养质量成本见表 6-3。

表 6-2 江西省普通高等学校教育经费支出构成 （%）

年份	事业性经费支出	个人部分	工资福利	补助支出	助学金	公用部分	商品和服务	基本建设支出
2007	87.62	35.96	24.91	11.05	5.13	51.66	23.84	12.38
2008	92.64	38.50	24.05	14.45	8.22	54.14	25.17	7.36
2009	92.09	40.21	25.95	14.26	7.76	51.88	26.55	7.91
2010	94.81	41.86	24.66	17.20	7.53	52.96	24.68	5.19
2011	99.29	43.10	26.81	16.29	8.62	56.20	27.81	0.71
2013	99.53	44.89	28.92	15.97	7.71	54.64	24.90	0.47

表 6-3 江西省普通高等学校人才培养质量成本

年份	人才培养质量成本/千元			人才培养质量成本构成比例/%			人才培养质量成本占经费支出总额比例/%	人才培养质量成本占事业性经费支出总额比例/%
	教师教辅薪水	学生服务	教研设备购置	教师教辅薪水	学生服务	教研设备购置		
2007	1609024	1019364	659981	48.93	31.00	20.07	35.63	40.67
2008	1733208	1488170	777622	43.34	37.21	19.45	38.84	41.92
2009	1917138	1504572	840711	44.98	35.30	19.72	40.39	43.86
2010	2150412	2142434	922364	41.23	41.08	17.69	41.86	44.15
2011	2497299	2167876	1110157	43.24	37.54	19.22	43.40	43.71
2013	3489235	2753495	1287578	46.34	36.57	17.10	43.68	43.89
年均增长率/%	13.77	18.01	11.78	-0.90	2.79	-2.63	3.45	1.28

2007~2013 年，江西省高校人才培养质量成本增长较快，教师教辅薪水、学生服务和教研设备购置年均增幅分别达到 13.77%、18.01%和 11.78%，人才培养质量成本占江西省普通高校教育经费支出总额的比例从 35.63%提高到 43.68%，人才培养质量成本占事业性经费支出总额的比例从 40.67%提高到 43.89%。

从构成比例来看，2007~2013 年，教师教辅薪水占江西省普通高等学校人才培养质量成本的40%以上，其次是学生服务，比例在35%以上，最低的是教研设备购置，占江西省普通高等学校人才培养质量成本 20%以下。

从构成变动趋势来看，2007~2013 年，教研设备购置占比处于下降趋势，而教师教辅薪水和学生服务呈现对称的 U 形波动。2007~2010 年，教师教辅薪水占比下降，而学生服务占比上升，2010 年之后正好相反，教师教辅薪水占比逐步提高，而学生服务占比开始下降。如图 6-1 所示。

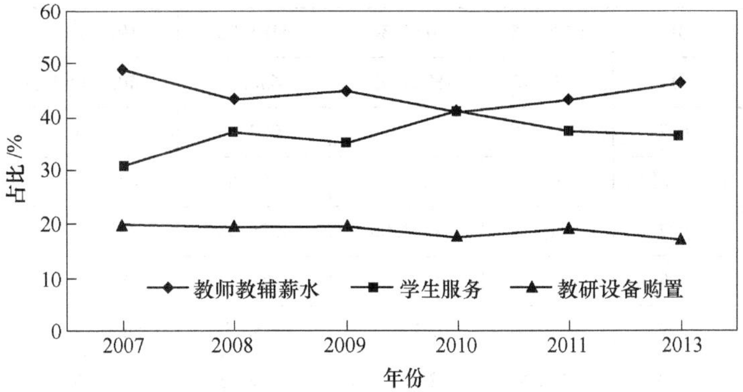

图 6-1　江西省普通高校人才培养质量成本构成变动（2007~2013 年）

6.2.2　生均人才培养质量成本情况

近年来，江西省高等教育投入逐步加大，生均教育支出也显著提高。2007~2013 年，生均公共财政预算教育经费预算内支出从 3548.32 元提高到 12743.92 元，年均增幅达到 23.75%，这其中，事业费支出年均增幅 25.08%，个人部分年均增长 15.28%，公用部分年均增长 44.3%，个人部分与公用部分的比例在逐年下降，从 2007 年的 3.51 逐年下降到 2013 年的 0.91，这说明江西省普通高等学校预算偏重于公用部分的投入。基本建设支出年均降幅 13.23%。见表 6-4。

2007~2013 年，江西省实际普通高等学校生均教育支出从 10746.72 元提高到 17393.12，年均增幅 8.36%，其中，事业费支出年均增幅 10.87%，个人部分年均增长 11.0%，公用部分年均增长 10.69%，个人部分与公用部分的比例始终保持在 0.97 左右，个人部分略低于公用部分支出。基本建设支出年均降幅达到-36.14%。

对比来看，实际普通高校生均教育支出中增幅最快的是个人部分，而预算支出中，增幅最快的是公用部分。

从实际支出与预算内支出的比例来看，2007~2013 年，江西省普通高等学校生均实际教育支出与预算内教育支出的比值逐年下降，从 3.03 下降到 1.36，年均降幅达到-12.44%。这其中，事业费实际预算比年均降低 11.36%，基本建设支出年均降幅高达-26.41%。

表 6-4 江西省普通高等学校生均预算内教育支出情况（2007~2013 年） （元）

项目	年份	教育经费支出	事业费支出	个人部分	公用部分	基本建设支出
预算内支出	2007	3548.32	3301.15	2569.29	731.86	247.16
	2008	4361.86	4236.33	2810.26	1426.07	125.53
	2009	4655.19	4481.14	2936.65	1544.50	174.04
	2010	6209.46	6156.30	4181.20	1975.10	53.17
	2011	8784.48	8724.98	4638.92	4086.06	59.5
	2013	12743.92	12638.4	6029.78	6608.62	105.52
	年均增幅/%	23.75	25.08	15.28	44.30	-13.23
实际支出	2007	10746.72	9313.06	4356.03	4957.03	1433.66
	2008	11411.96	10743.84	4853.77	5890.07	668.12
	2009	11478. 82	10579. 34	4948. 57	5630. 77	899. 48
	2010	13120.92	12658.42	5909.08	6749.34	462.50
	2011	13519.34	13401.09	6268.95	7132.13	118.26
	2013	17393.12	17295.87	8176.12	9119.76	97.25
	年均增幅/%	8.36	10.87	11.06	10.69	-36.14
实际支出/预算内支出	2007	3.03	2.82	1.70	6.77	5.80
	2008	2.62	2.54	1.73	4.13	5.32
	2009	2.47	2.36	1.69	3.65	5.17
	2010	2.11	2.06	1.41	3.42	8.70
	2011	1.54	1.54	1.35	1.75	1.99
	2013	1.36	1.37	1.36	1.38	0.92
	年均增幅/%	-12.44	-11.36	-3.66	-23.29	-26.41

在《中国教育经费统计年鉴》中，并没有关于平均人才质量成本的统计。将教师教辅薪水和学生服务占个人部分的比例和教研设备占公用部分的比例分别作为折算系数，乘以表 6-4 中的次均教育支出的个人部分和公用部分支出，就能得到次均人才培养质量成本。具体计算结果见表 6-5。

2007~2013 年，江西省高校生均人才培养质量成本从 4137 元提高到 7843 元，年均增幅 11.25%。其中，生均教师教育薪水从 2112 元提高到 3687 元，学生服务从 1338.28 元提高到 2909.35 元，教研设备采购从 686.21 元提高到 1246.69 元，年均增幅分别达到 9.73%、13.82%和 10.46%。

表 6-5 普通高等院校生均人才培养质量成本

年份	生均人才培养质量成本/元				质量成本构成/%		
	教师教辅薪水	学生服务	教研设备购置	总额	教师教辅薪水	学生服务	教研设备购置
2007	2112	1338.28	686.21	4137	51.06	32.35	16.59
2008	2122	1822.12	821.66	4766	44.53	38.23	17.24
2009	2236	1754.63	864.48	4855	46.05	36.14	17.81
2010	2437	2427.83	943.55	5808	41.96	41.80	16.24
2011	2730	2369.53	1058.69	6158	44.33	38.48	17.19
2013	3687	2909.35	1246.69	7843	47.01	37.10	15.90
年均增长/%	9.73	13.82	10.46	11.25	-1.37	2.31	-0.71

数据来源：根据表 6-2、表 6-3 数据二次计算获得。

从构成来看，江西省高校人才培养生均质量成本中，教师教辅薪水占比接近一半，教研设备购置占比在15%左右，学生服务占比在35%左右。从变化趋势来看，2007~2010 年，教师教辅薪水占质量成本的比例下降，2010 年之后开始逐年提高；学生服务的占比正好与之相反（表 6-5）。

6.3 普通本科高校人才培养质量成本情况

6.3.1 人才培养质量成本总体情况

2007~2013 年，江西省高校普通本科教育经费支出从 6344320 千元提高到 12176760 千元，年均增长率达到 11.48%。其中，事业性经费支出这期间从 5542762 千元提高到 12095749 千元，年均增长 13.89%；基本建设支出大幅度下降，从 2007 年的 801558 千元缩减到 2013 年 81011 千元，年均减少 -31.75%（表 6-6）。

表 6-6 江西省普通高等本科学校教育经费支出明细 （千元）

年份	合计	事业性经费支出	个人部分	工资福利支出	对个人和家庭的补助支出	助学金	公用部分	商品和服务支出	其他资本性支出	专项公用支出	专项项目支出	基本建设支出
2007	6344320	5542762	2463676	1671294	792382	344120	3079086	1580392	1498694	797765	700929	801558
2008	7195831	7004936	2891118	1820145	1070973	563351	4113818	1872766	2241052	1585323	655729	190895
2009	7354007	6933964	3020698	1960670	1060028	529165	3913266	2045742	1867524	783358	1084166	420043

续表 6-6

年份	合计	事业性经费支出	个人部分	工资福利支出	对个人和家庭的补助支出	助学金	公用部分	商品和服务支出	其他资本性支出	专项公用支出	专项项目支出	基本建设支出
2010	8719515	8421823	3851220	2244776	1606444	601335	4570603	2221908	2348695	1156584	1192111	297692
2011	9430062	9425562	4248213	2683781	1564432	764274	5177349	2834964	2342385	1080836	1261549	4500
2013	12176760	12095749	5823945	3840073	1983872	879029	6271804	3367299	2904505	1034986	1869519	81011
年均增长/%	11.48	13.89	15.42	14.87	16.53	16.92	12.59	13.44	11.66	4.43	17.76	-31.75

在事业性经费支出中，个人部分增长略快于公用部分，两者的年均增幅分别为15.42%和12.59%。这其中，工资福利从2007年的1671294千元提高到2013年的3840073千元，年均增长14.87%；对个人和家庭的补助支出从792382千元提高到1983872，年均增幅高达16.53%。

从江西省普通高等学校本科教育经费支出构成情况来看，事业性经费支出占绝大多数，并且比例在持续提高，从2007年87.37%提高到2013年99.33%。这其中，个人部分和公用部分占普通高等学校教育经费支出的比例也在逐年递增，2013年分别接近47.83%和51.51%（表6-7）。

表6-7 江西省普通本科高校教育经费支出构成 （%）

年份	事业性经费支出	个人部分	工资福利	补助支出	助学金	公用部分	商品和服务	基本建设支出
2007	87.37	38.83	26.34	12.49	5.42	48.53	24.91	23.62
2008	97.35	40.18	25.29	14.88	7.83	57.17	26.03	31.14
2009	94.29	41.08	26.66	14.41	7.20	53.21	27.82	25.39
2010	96.59	44.17	25.74	18.42	6.90	52.42	25.48	26.94
2011	99.95	45.05	28.46	16.59	8.10	54.90	30.06	24.84
2013	99.33	47.83	31.54	16.29	7.22	51.51	27.65	23.85
年均增长	2.16	3.53	3.04	4.53	4.88	1.00	1.76	0.16

与普通高校相似，本科院校在个人部分，工资和福利也占到绝大多数，它与补助支出的比例基本保持在2左右。公用部分中，商品和服务占到半数左右。

与普通高校不同的是，在江西省普通高等学校教育经费支出项目中，普通本科院校基本建设支出的份额并没有出现明显下降，2007～2013年基本保持在23%左右。

2007~2013 年，江西省本科高校人才培养质量成本增长较快，教师教辅薪水、学生服务和教研设备购置年均增幅分别达到 14.87%、16.53% 和 13.44%（表 6-8）。

表 6-8 江西省普通高校本科学校人才培养质量成本

年份	质量成本/千元			质量成本构成比例/%		
	教师教辅薪水	学生服务	教研设备购置	教师教辅薪水	学生服务	教研设备购置
2007	1169906	792382	474118	48.02	32.52	19.46
2008	1274102	1070973	561830	43.83	36.84	19.33
2009	1372469	1060028	613723	45.05	34.80	20.15
2010	1571343	1606444	666572	40.87	41.79	17.34
2011	1878647	1564432	850489	43.75	36.44	19.81
2013	2688051	1983872	1010190	47.31	34.91	17.78
年均增长/%	14.87	16.53	13.44	-0.25	1.19	-1.49

从构成比例来看，2007~2013 年，教师教辅薪水占江西省普通高校本科人才培养质量成本的 40%以上；其次是学生服务，比例在 34%以上，最低的是教研设备购置，占江西省普通高等学校人才培养质量成本 20%以下。

从构成变动趋势来看，2007~2013 年，教研设备购置占比处于下降趋势，而教师教辅薪水和学生服务呈现对称的 U 形波动。2007~2010 年，教师教辅薪水占比下降，学生服务占比上升；2010 年之后正好相反，教师教辅薪水占比逐步提高，学生服务占比开始下降。

6.3.2 生均人才培养质量成本情况

2007~2013 年，江西省普通高校本科学校生均教育支出保持较快增长，从 12223.22 元提高到 18202.04，年均增幅 6.86%，其中，事业费支出年均增幅 9.26%，其中个人部分年均增长 10.29%，公用部分年均增长率为 8.31%，基本建设支出年均降幅达到 33.23%（表 6-9）。

表 6-9 2007-2013 年江西省普通高等学校本科学校生均教育支出 （元）

年份	教育经费支出	事业费支出	个人部分	公用部分	基本建设支出
2007	12223.22	10613.77	4990.56	5623.20	1609.45
2008	12632.24	12289.19	5393.99	6895.20	343.06
2009	12631.19	11879.60	5511.58	6368.02	751.59
2010	14357.86	13900.29	6745.56	7154.73	457.57

续表 6-9

年份	教育经费支出	事业费支出	个人部分	公用部分	基本建设支出
2011	14663. 08	14654. 56	6943. 42	7711	8. 52
2013	18202. 04	18059. 45	8979. 74	9079. 71	142. 59
年均增长/%	6. 86	9. 26	10. 29	8. 31	-33. 23

2007~2013 年，江西省高校生均人才培养质量成本从 9222 元提高到 15934 元，年均增幅 9. 54%。其中，生均教师教育薪水从 5040 元提高到 8335 元，学生服务从 3413. 66 元提高到 6151. 78 元，教研设备采购从 768. 45 元提高到 1446. 35 元，年均增幅分别达到 8. 75%、10. 31%和 11. 12%。

从构成来看，江西省高校人才培养生均质量成本中，教师教辅薪水占比接近一半，教研设备购置占比在 10%以下，学生服务占比在 40%左右。从变化趋势来看，2007~2010 年，教师教辅薪水占质量成本的比例下降，2010 年之后开始逐年提高；学生服务的占比正好与之相反（表 6-10）。

表 6-10 2007~2013 年江西省普通高等学校本科学校生均人才培养质量成本

（元）

年份	生均质量成本				生均质量成本构成		
	教师教辅薪水	学生服务	教研设备购置	总额	教师教辅薪水	学生服务	教研设备购置
2007	5040	3413. 66	768. 45	9222	54. 65	37. 02	8. 33
2008	5416	4552. 35	736. 66	10705	50. 59	42. 53	6. 88
2009	5398	4168. 81	864. 39	10431	51. 75	39. 97	8. 29
2010	5671	5798. 17	983. 77	12453	45. 54	46. 56	7. 90
2011	6481	5396. 64	1140. 6	13018	49. 78	41. 46	8. 76
2013	8335	6151. 78	1446. 35	15934	52. 31	38. 61	9. 08
增长率/%	8. 75	10. 31	11. 12	9. 54	-0. 73	0. 70	1. 44

6.4 普通专科高校人才培养质量成本情况

6.4.1 人才培养质量成本总体情况

2007~2013 年，江西省普通高校专科学校教育经费支出从 2883793 千元提高到 5061232 千元，年均增长率达到 9. 83 %。其中，事业性经费支出从 2542770 千元提高到 5061232 千元，年均增长 12. 16%；基本建设支出大幅度下降，从 2007 年的 341023 千元缩减到 2011 年 89422 千元，年均减少 23. 49%。

在事业性经费支出中，个人部分增长略快于公用部分，两者的年均增幅分别为 14.39%和 10.93%。这其中，工资福利从 2007 年的 627312 千元提高到 2013 年的 1144549 千元，年均增长 10.54%；对个人和家庭的补助支出从 226982 千元提高到 769623 千元，年均增幅高达 22.57%（表 6-11）。

表 6-11 江西省普通高校专科学校教育经费支出明细 （千元）

年份	合计	事业性经费支出	个人部分	工资福利支出	对个人和家庭的补助支出	助学金	公用部分	商品和服务支出	其他资本性支出	专项公用支出	专项项目支出	基本建设支出
2007	2883793	2542770	854294	627312	226982	129446	1688476	619544	1068932	388124	680808	341023
2008	3100835	2533644	1073064	655867	417197	283257	1460580	719306	741274	302834	438440	550191
2009	3200139	2785299	1222642	778098	444544	289452	1562657	756627	806030	320544	485486	414840
2010	3738701	3390423	1363231	827241	535990	336912	2027192	852639	1174553	504576	669977	348278
2011	3878125	3788703	1487233	883789	603444	382578	2301470	865559	1435911	392492	1043419	89422
2013	5061232	5061232	1914172	1144549	769623	450047	3147060	924627	2222433	687264	1535169	
年均增幅/%	9.83	12.16	14.39	10.54	22.57	23.08	10.93	6.90	12.97	9.99	14.51	-23.49

从江西省普通高等学校教育经费支出构成情况来看，事业性经费支出占绝大多数，并且比例在持续提高，从 2007 年 88.17%提高到 2013 年 100%。这其中，个人部分和公用部分占普通高等学校教育经费支出的比例也在逐年递增，2013 年分别达到 37.82%和 62.18%（表 6-12）。

表 6-12 江西省普通高校专科学校教育经费支出构成 （%）

年份	事业性经费支出	个人部分	工资福利	补助支出	助学金	公用部分	商品和服务	基本建设支出
2007	88.17	29.62	21.75	7.87	4.49	58.55	21.48	37.07
2008	81.71	34.61	21.15	13.45	9.13	47.10	23.20	23.91
2009	87.04	38.21	24.31	13.89	9.04	48.83	23.64	25.19
2010	90.68	36.46	22.13	14.34	9.01	54.22	22.81	31.42
2011	97.69	38.35	22.79	15.56	9.87	59.34	22.32	37.03
2013	100.00	37.82	22.61	15.21	8.89	62.18	18.27	43.91
年均增长率/%	2.12	4.16	0.65	11.60	12.07	1.01	-2.67	2.86

在个人部分，工资和福利占到绝大多数，它与补助支出的比例近年来处于下降趋势，从2007年的2.76逐步降低到2013年的1.49；公用部分中，商品和服务占到40%左右。与普通高校和本科高校不同的是，在江西省普通高等学校教育经费支出项目中，基本建设支出的份额不降反升，已从2007年的37.07%降到2013年43.91%。

2007~2013年，江西省高校人才培养质量成本增长较快，教师教辅薪水、学生服务和教研设备购置年均增幅分别达到10.54%、22.57%和6.90%。

从构成比例来看，2007~2013年，教师教辅薪水占江西省普通高等学校人才培养质量成本的41%以上，其次是学生服务，比例在35%以上，最低的是教研设备购置，占江西省普通高等学校人才培养质量成本比例基本都在20%以下。

从构成变动趋势来看，2007~2013年，教师教辅薪水和教研设备购置占比处于下降趋势，学生服务占比持续上升（表6-13）。

表6-13 2007~2013年江西省普通高等学校专科学校人才培养质量成本

（千元）

年份	质量成本构成			质量成本构成比例		
	教师教辅薪水	学生服务	教研设备购置	教师教辅薪水	学生服务	教研设备购置
2007	439118	226982	185863	51.54	26.64	21.82
2008	459107	417197	215792	42.04	38.20	19.76
2009	544669	444544	226988	44.78	36.55	18.66
2010	579069	535990	255792	42.24	39.10	18.66
2011	618652	603444	259668	41.75	40.72	17.52
2013	801184	769623	277388	43.35	41.64	15.01
年均增长率/%	10.54	22.57	6.90	-2.84	7.73	-6.04

6.4.2 生均人才培养质量成本情况

2007~2013年，江西省普通高校专科学校生均教育支出从7754.76元提高到15658.09，年均增幅12.42%，其中，事业费支出年均增幅15.71%，个人部分略低于公用部分支出，并且两者差额在逐步拉大，个人部分年均增长13.79%，公用部分的年均增长17.21%，基本建设支出的年均降幅达到22.86%（表6-14）。

表 6-14 2007~2013 年江西省普通高等学校本科学校生均教育支出 （元）

年份	教育经费支出	事业费支出	个人部分	公用部分	基本建设支出
2007	7754.76	6522.88	2972.61	3550.27	1231.88
2008	9324.17	8535.89	3963.28	4572.61	788.28
2009	9394.49	8227.50	3930.24	4297.26	1166.99
2010	10738.12	10266.11	4297.71	5968.40	472.00
2011	11245.19	10908.73	4927.88	5980.86	336.46
2013	15658.09	15658.09	6452.43	9205.66	
年均增长率/%	12.42	15.71	13.79	17.21	-22.86

2007~2013 年，江西省高校生均人才培养质量成本从 2708.57 元提高到 6106.40 元，年均增幅 14.51%。其中，生均教师教育薪水从 1527.96 元提高到 2700.69 元，学生服务从 789.81 元提高到 2594.30 元，教研设备采购从 390.80 提高到 811.41 元，年均增幅分别达到 9.96%、21.92%和 12.95%（表 6-15）。

从构成来看，江西省高校人才培养生均质量成本中，教师教辅薪水占比接近一半，教研设备购置占比在 15%上下，学生服务占比在 40%左右。从变化趋势来看，2007~2010 年，教师教辅薪水占质量成本的比例下降，2010 年之后开始逐年提高；学生服务的占比逐年提高（表 6-15）。

表 6-15 2007~2013 年江西省普通高等学校专科学校生均人才培养质量成本

年份	生均质量成本/元				生均质量成本构成/%		
	教师教辅薪水	学生服务	教研设备购置	总额	教师教辅薪水	学生服务	教研设备购置
2007	1527.96	789.81	390.80	2708.57	56.41	29.16	14.43
2008	1695.68	1540.89	675.58	3912.14	43.34	39.39	17.27
2009	1750.86	1429.01	624.21	3804.08	46.03	37.57	16.41
2010	1825.57	1689.76	753.09	4268.42	42.77	39.59	17.64
2011	2049.88	1999.48	674.80	4724.16	43.39	42.32	14.28
2013	2700.69	2594.30	811.41	6106.40	44.23	42.48	13.29
年均增长率/%	9.96	21.92	12.95	14.51	-3.97	6.47	-1.36

6.5 普通成人高等学校人才培养质量成本情况

我国高等教育进入大众化阶段后，普通成人高等学校教育经费支出基本保持稳定。见表 6-16。

表 6-16 江西省普通成人高等学校教育经费支出明细 （千元）

年份	合计	事业性经费支出	个人部分	工资福利支出	对个人和家庭的补助支出	助学金	公用部分	商品和服务支出	其他资本性支出	专项公用支出	专项项目支出	基本建设支出
2007	303710	286580	115042	88525	26517	9048	171538	100857	70681	21416	49265	17130
2008	307957	307957	115795	79289	36506	17160	192162	104062	88100	35631	52469	
2009	259653	250165	112177	75400	36777	16541	137988	101452	36536	19402	17134	9488
2010	302638	291325	154678	88540	66138	18045	136647	83353	53294	36701	16593	11313
2011	289946	289946	152627	101498	51129	18881	137319	92331	41988	27276	17712	
2013	352987	352987	172331	112620	59710	26021	180656	119773	60883	26027	34856	
年均增长率/%	2.54	3.53	6.97	4.09	14.49	19.25	0.87	2.91	-2.46	3.30	-5.60	

2007~2013 年，江西省普通成人高等学校教育经费支出从 303710 千元提高到 352987 千元，年均增长率达 2.54%。其中，事业性经费支出从 286580 千元提高到 352987 千元，年均增长 3.53%。在事业性经费支出中，个人部分显著增长快于公用部分，两者的年均增幅分别为 6.97%和 0.87%。这其中，工资福利从 2007 年的 88525 千元下降到 2013 年的 112620 千元，年均增幅 4.09%；对个人和家庭的补助支出从 26517 千元提高到 59710 千元，年均增幅高达 14.49%。

从江西省普通成人高等学校教育经费支出构成情况来看，事业性经费支出占绝大多数。个人部分和公用部分占普通高等学校教育经费支出的比例也在逐年递增，2013 年分别接近达到 48.82%和 51.18%。见表 6-17。在个人部分，工资和福利占到绝大多数，它与补助支出的比例基本保持在 2 左右。公用部分中，商品和服务占到半数左右。在江西省普通成人高等学校教育经费支出项目中，基本建设支出的份额也处于下降趋势，从 2007 年的 23.27%下降到 2013 年 17.25%。

2007~2013 年，江西省成人高等学校人才培养质量成本增长相对较为平稳，教师教辅薪水、学生服务和教研设备购置年均增幅分别达到 6.97%、4.09%和 0.87%。从构成比例来看，2007~2013 年，教师教辅薪水和学生服务均占江西省普通成人高等学校人才培养质量成本的 40%左右，教研设备购置占江西省普通高等学校人才培养质量成本 20%以下（表 6-18）。

表 6-17 江西省普通高等学校教育经费支出构成 （%）

年份	事业性经费支出	个人部分	工资福利	补助支出	助学金	公用部分	商品和服务	基本建设支出
2007	94.36	37.88	29.15	8.73	2.98	56.48	33.21	23.27
2008	100.00	37.60	25.75	11.85	5.57	62.40	33.79	28.61
2009	96.35	43.20	29.04	14.16	6.37	53.14	39.07	14.07
2010	96.26	51.11	29.26	21.85	5.96	45.15	27.54	17.61
2011	100.00	52.64	35.01	17.63	6.51	47.36	31.84	14.48
2013	100.00	48.82	31.90	16.92	7.37	51.18	33.93	17.25
年均增长	0.97	4.32	1.52	11.65	16.30	-1.63	0.36	-4.87

表 6-18 2007~2013 年江西省普通成人高等学校人才培养质量成本 （千元）

年份	人才培养质量成本			质量成本构成比例		
	教师教辅薪水	学生服务	教研设备购置	教师教辅薪水	学生服务	教研设备购置
2007	80529	88525	51461	36.52	40.14	23.34
2008	81057	79289	57649	37.18	36.37	26.45
2009	78524	75400	41396	40.20	38.60	21.19
2010	108275	88540	40994	45.53	37.23	17.24
2011	106839	101498	41196	42.82	40.68	16.51
2013	120632	112620	54197	41.97	39.18	18.85
年均增长率/%	6.97	4.09	0.87	2.35	-0.40	-3.50

从构成变动趋势来看，2007~2013 年，教研设备购置占比处于下降趋势，教师教辅薪水和学生服务呈现对称的 U 形波动。2007~2010 年，教师教辅薪水占比上升，学生服务占比下降；2010 年之后正好相反，教师教辅薪水占比逐步下降，学生服务占比开始上升。

6.6 江西省各类型高校人才培养质量成本对比

由上面的分析可知，近年来，江西省高校人才培养质量成本增长迅速，那么不同类型高校是否存在差异，是否具有一定规律和特点？本书将江西省不同类型高校人才培养质量成本进行对比。

从绝对水平来看，在考察的三类样本中，江西省本科高校人才培养质量成本最高，其人才培养质量成本达到普通高校的2倍以上，见表6-19。但不难发现，这一比例近年来处于下降趋势。专科人才培养质量成本仅为普通高校平均水平的0.7左右，近年来基本保持平稳。

教师教辅薪水是人才培养质量成本的主要构成部分。与生均质量成本类似，本科高校的教师教辅薪水最高，是普通高校平均水平的2倍以上，同时占生均质量成本的比例也相对较高，但2007~2013年的年均增幅相对较低；专科教师教辅薪水与普通高校的比例也基本保持稳定，在0.75左右（表6-20）。

表6-19 江西省不同类型高校人才培养生均质量成本 （元）

年份	普通高等院校	本科高校	专科高校	本科/普通高校	专科/普通高校
2007	4137	9222	2708.57	2.23	0.65
2008	4766	10705	3912.14	2.25	0.82
2009	4855	10431	3804.08	2.15	0.78
2010	5808	12453	4268.42	2.14	0.73
2011	6158	13018	4724.16	2.11	0.77
2013	7843	15934	6106.4	2.03	0.78
增长/%	11.25	9.54	14.51		

表6-20 江西省不同类型高校人才培养生均质量成本-教师教辅薪水

年份	教师教辅薪水/元			相对比例		占生均质量成本比例/%		
	普通高等院校	本科	专科	本科/普通高校	专科/普通高校	普通高等院校	本科	专科
2007	2112	5040	1527.96	2.39	0.72	51.06	54.65	56.41
2008	2122	5416	1695.68	2.55	0.80	44.53	50.59	43.34
2009	2236	5398	1750.86	2.41	0.78	46.05	51.75	46.03
2010	2437	5671	1825.57	2.33	0.75	41.96	45.54	42.77
2011	2730	6481	2049.88	2.37	0.75	44.33	49.78	43.39
2013	3687	8335	2700.69	2.26	0.73	47.01	52.31	44.23
年均增长/%	9.73	8.75	9.96			-1.37	-0.73	-3.97

从教师教辅薪水占生均质量成本的比例来看，本科最高，专科和普通高校几乎一致。三种类型高校的教师教辅薪水占比在考察期间都在下降，专科高校下降幅度相对较高，本科高校的下降幅度较低。

学生服务在人才培养质量成本中的比例仅次于教师教辅薪水，一半占到30%

以上。本科院校的学生服务支出是普通高校的2倍以上，其与生均质量成本类似，2007~2013年这一比例逐步下降；专科学生服务支出是普通高校的0.8左右，且近年来有提高的趋势（表6-21）。

表6-21 江西省不同类型高校人才培养生均质量成本-学生服务

年份	学生服务/元			相对比例		占生均质量成本比例/%		
	普通高等院校	本科	专科	本科/普通高校	专科/普通高校	普通高等院校	本科	专科
2007	1338.28	3413.66	789.81	2.55	0.59	32.35	37.02	29.16
2008	1822.12	4552.35	1540.89	2.50	0.85	38.23	42.53	39.39
2009	1754.63	4168.81	1429.01	2.38	0.81	36.14	39.97	37.57
2010	2427.83	5798.17	1689.76	2.39	0.70	41.8	46.56	39.59
2011	2369.53	5396.64	1999.48	2.28	0.84	38.48	41.46	42.32
2013	2909.35	6151.78	2594.3	2.11	0.89	37.1	38.61	42.48
年均增长/%	13.82	10.31	21.92			2.31	0.7	6.47

从学生服务支出占人才培养质量成本的比例来看，同样是本科最高，但近年来占比增长率最低；而专科最低，但近年来增长速度最快。这说明江西省高校教育经费支出对于学生的补助和奖学金开始向专科倾斜。

教研设备在人才培养质量成本中的比例较低，一般占到20%以下。与教师教辅薪水和学生服务不同，本科院校的教研设备与普通高校基本持平，专科学生服务支出是普通高校的0.7左右（表6-22）。

表6-22 江西省不同类型高校人才培养生均质量成本-教研设备

年份	教研设备/元			相对比例		占生均质量成本比例/%		
	普通高等院校	本科	专科	本科/普通高校	专科/普通高校	普通高等院校	本科	专科
2007	686.21	768.45	390.8	1.12	0.57	16.59	8.33	14.43
2008	821.66	736.66	675.58	0.90	0.82	17.24	6.88	17.27
2009	864.48	864.39	624.21	1.00	0.72	17.81	8.29	16.41
2010	943.55	983.77	753.09	1.04	0.80	16.24	7.9	17.64
2011	1058.69	1140.6	674.8	1.08	0.64	17.19	8.76	14.28
2013	1246.69	1446.35	811.41	1.16	0.65	15.9	9.08	13.29
年均增长/%	10.46	11.12	12.95			-0.71	1.44	-1.36

从学生服务支出占人才培养质量成本的比例来看，本科最低，但近年来占比增长率相对较高。

7 我国高校人才培养质量成本的区域比较

本章对我国各省市高等学校人才培养质量成本进行分析，以了解我国高校人才培养质量成本的区域差异，以及江西省人才培养质量成本的特征、存在的问题。

7.1 普通高校人才培养质量成本地区比较

7.1.1 质量成本总额情况

从全国范围来看，北京地区普通高校人才培养质量成本最高。以 2010 年为例，北京质量成本占全国总额的 10.72%，其中教师教辅薪水占全国总额的 8.46%，学生服务占全国总额的 11.38%，教研设备购置占全国总额的 13.50%。不论是质量成本总额，还是单项，北京地区高校人才培养质量成本均排在全国第一位。见表 7-1。同样，江苏、广东、上海等地区的高校人才培养质量成本总额和分项也排在全国前列；而西藏、青海、宁夏和海南等地区的高校人才培养质量成本则相对较低。

从质量成本的构成来看，西藏、青海、宁夏和海南等地区的教师教辅薪水占质量成本的比例最高，而北京、陕西和黑龙江等地区相对较低；新疆、青海、贵州和天津的学生服务占质量成本的比例较高，浙江、上海和海南相对较低；北京、浙江和黑龙江等地区的教研设备购置占质量成本的比例较高，西藏和青海的相对水平较低。

江西省的质量成本构成中，教师教辅薪水和学生服务的比例分别为 41.23%和 41.08%，高于全国水平，教研设备购置比例为 17.69%，低于全国平均水平。

7.1.2 生均质量成本情况

考虑到教育规模到差异，表 7-2 对我国各地区高校人才培养生均质量成本进行描述。

北京市我国高校人才培养生均质量成本最高的地区，达到 12722 元，其中教师教辅薪水为4284元，排名全国第二；学生服务为5638元，排在全国第一；教研设备为2800元，排在全国第一。

表7-1 2010年我国各地区高校人才培养质量成本基本情况

地区	质量成本/千元			占全国比重/%				质量成本构成比例/%		
	教师教辅薪水	学生服务	教研设备购置	教师教辅薪水	学生服务	教研设备购置	总额	教师教辅薪水	学生服务	教研设备购置
合计	87574785	85729001	50915190	100	100	100	100	39. 06	38. 23	22. 71
北京	7410891	9754109	6872236	8. 46	11. 38	13. 50	10. 72	30. 83	40. 58	28. 59
天津	2200099	2610485	1265980	2. 51	3. 05	2. 49	2. 71	36. 21	42. 96	20. 83
河北	3015312	2631895	1581590	3. 44	3. 07	3. 11	3. 22	41. 71	36. 41	21. 88
山西	1649795	1481151	649454	1. 88	1. 73	1. 28	1. 69	43. 64	39. 18	17. 18
内蒙古	1332248	1159070	569060	1. 52	1. 35	1. 12	1. 36	43. 53	37. 87	18. 59
辽宁	3747246	4084797	1866447	4. 28	4. 76	3. 67	4. 33	38. 64	42. 12	19. 24
吉林	2049547	2151694	1125727	2. 34	2. 51	2. 21	2. 38	38. 47	40. 39	21. 13
黑龙江	2316348	2563639	1958989	2. 64	2. 99	3. 85	3. 05	33. 87	37. 49	28. 64
上海	5575502	4945028	4087760	6. 37	5. 77	8. 03	6. 52	38. 17	33. 85	27. 98
江苏	7062540	6854191	3935832	8. 06	8. 00	7. 73	7. 96	39. 56	38. 39	22. 05
浙江	4884083	3722633	2952368	5. 58	4. 34	5. 80	5. 16	42. 25	32. 21	25. 54
安徽	2196398	2349562	1032123	2. 51	2. 74	2. 03	2. 49	39. 38	42. 12	18. 5
福建	2434030	2432686	1100153	2. 78	2. 84	2. 16	2. 66	40. 79	40. 77	18. 44
江西	2150412	2142434	922364	2. 46	2. 50	1. 81	2. 33	41. 23	41. 08	17. 69
山东	4662418	4453572	2319239	5. 32	5. 19	4. 56	5. 10	40. 77	38. 95	20. 28
河南	3377449	2771442	1586852	3. 86	3. 23	3. 12	3. 45	43. 66	35. 83	20. 51
湖北	4883096	5345845	2870453	5. 58	6. 24	5. 64	5. 84	37. 28	40. 81	21. 91
湖南	3081098	2889367	1860060	3. 52	3. 37	3. 65	3. 49	39. 35	36. 9	23. 75
广东	6821646	5551094	3322373	7. 79	6. 48	6. 53	7. 00	43. 46	35. 37	21. 17
广西	1554746	1600033	672490	1. 78	1. 87	1. 32	1. 71	40. 62	41. 81	17. 57
海南	526687	296010	200225	0. 60	0. 35	0. 39	0. 46	51. 49	28. 94	19. 57
重庆	1978676	1641313	1182645	2. 26	1. 91	2. 32	2. 14	41. 2	34. 18	24. 62
四川	4030832	3312112	2357906	4. 60	3. 86	4. 63	4. 33	41. 55	34. 14	24. 31
贵州	832315	969443	392903	0. 95	1. 13	0. 77	0. 98	37. 92	44. 17	17. 9
云南	1499056	1364293	703564	1. 71	1. 59	1. 38	1. 59	42. 03	38. 25	19. 72
西藏	187954	153503	53333	0. 21	0. 18	0. 10	0. 18	47. 61	38. 88	13. 51
陕西	3319495	3781268	2261227	3. 79	4. 41	4. 44	4. 18	35. 46	40. 39	24. 15
甘肃	1199914	1050535	514887	1. 37	1. 23	1. 01	1. 23	43. 39	37. 99	18. 62
青海	252474	237341	70047	0. 29	0. 28	0. 14	0. 25	45. 1	42. 39	12. 51
宁夏	354439	263624	130979	0. 40	0. 31	0. 26	0. 33	47. 32	35. 19	17. 49
新疆	988037	1164832	495926	1. 13	1. 36	0. 97	1. 18	37. 3	43. 98	18. 72

注：阴影表示排名全国靠前，斜杆表示排名全国靠后。

表 7-2 2010 年我国各地区高校人才培养生均质量成本基本情况

地区	生均质量成本/元								生均质量成本构成/%		
	教师教辅薪水	排名	学生服务	排名	教研设备购置	排名	总额	排名	教研设辅薪水	学生服务	教研设备购置
合计	2171		2125		772		5068		42.84	41.93	15.23
北京	4284	2	5638	1	2800	1	12722	1	33.67	44.32	22.01
天津	2674	7	3173	3	1039	6	6886	4	38.83	46.08	15.09
河北	1637	26	1429	28	341	26	3407	29	48.05	41.94	10.01
山西	2077	17	1865	18	324	28	4266	19	48.69	43.72	7.59
内蒙古	2221	15	1932	17	711	12	4864	14	45.66	39.72	14.62
辽宁	1624	27	1770	20	572	20	3966	23	40.95	44.63	14.42
吉林	2490	10	2615	7	782	10	5887	8	42.3	44.42	13.28
黑龙江	2242	14	2482	9	641	16	5365	13	41.79	46.26	11.95
上海	3493	3	3098	4	2676	2	9267	3	37.69	33.43	28.88
江苏	2341	11	2271	11	893	8	5505	11	42.52	41.25	16.22
浙江	3084	4	2351	10	905	7	6340	6	48.64	37.08	14.27
安徽	1441	30	1541	25	325	27	3307	30	43.57	46.6	9.83
福建	1706	24	1705	24	564	21	3975	22	42.92	42.89	14.19
江西	1724	22	1718	23	276	30	3718	26	46.37	46.21	7.42
山东	2119	16	2024	16	381	25	4524	16	46.84	44.74	8.42
河南	1268	31	1040	31	237	31	2545	31	49.82	40.86	9.31
湖北	2321	13	2541	8	596	19	5458	12	42.52	46.56	10.92
湖南	1892	19	1774	19	314	29	3980	21	47.54	44.57	7.89
广东	2533	9	2061	15	1049	5	5643	9	44.89	36.52	18.59
广西	1709	23	1759	21	425	24	3893	24	43.9	45.18	10.92
海南	2585	8	1453	27	433	23	4471	18	57.82	32.5	9.68
重庆	1527	29	1267	30	849	9	3643	28	41.92	34.78	23.3
四川	1591	28	1307	29	767	11	3665	27	43.41	35.66	20.93
贵州	1798	21	2094	14	603	17	4495	17	40	46.59	13.41
云南	1671	25	1521	26	673	15	3865	25	43.23	39.35	17.41
西藏	4666	1	3810	2	1132	3	9608	2	48.56	39.65	11.78
陕西	1864	20	2123	13	680	14	4667	15	39.94	45.49	14.57
甘肃	1979	18	1733	22	553	22	4265	20	46.4	40.63	12.97
青海	3075	5	2890	5	699	13	6664	5	46.14	43.37	10.49
宁夏	2880	6	2142	12	601	18	5623	10	51.22	38.09	10.69
新疆	2340	12	2759	6	1115	4	6214	7	37.66	44.4	17.94

上海的高校人才培养质量成本排在第3位。分项来看，教师教辅薪水、学生服务和教研设备支出也均排在全国前列，分别为第3位、第4位和第2位。

令人惊讶的是，西藏的生均质量成本排在全国的第2位。其中教师教辅薪水、学生服务和教研设备支出分别排在全国的第1位、第2位和第3位。考虑到西藏地区人才培养质量成本绝对数偏低，造成生均质量成本较高主要是因为高校人数较少。

江西省普通高校人才培养生均质量成本为3718元，排在全国26位，其中教师教辅薪水1724元，排在全国22位；学生服务1718元，排在23位；教研设备购置仅为276元，排在全国30位。不论是生均质量成本总额，还是分项构成，江西省普通高校人均质量成本均低于全国平均水平。

从构成比例来看，江西省教师教辅薪水和学生服务比例高于全国平均水平，而教研设备购置仅为全国平均水平的一半，为上海、北京和四川等地区的1/3，甚至1/4。

7.2 中央普通高校人才培养质量成本地区比较

7.2.1 质量成本总额情况

在我国中央普通高校中，北京地区人才培养质量成本最高。以2010年为例，北京中央普通高校高校人才培养质量成本为18254627千元，其中教师教辅薪水5177411.4千元，学生服务7501811千元，教研设备购置5575404.6千元，均排在全国第一位（表7-3）。

表7-3 2010年我国中央普通高校人才培养质量成本情况 （千元）

地区	教师教辅薪水	排名	学生服务	排名	教研设备购置	排名	总额	排名
合计	22123019		30378356		19509459		72010834	
北京	5177411.4	1	7501811	1	5575404.6	1	18254627	1
天津	649504.1	11	1028192	10	447210.3	14	2124906	12
河北	349943.3	17	169009	20	132939.9	19	651892.2	19
辽宁	654704.4	10	1085439	8	558894	12	2299037	11
吉林	648334.4	12	718724	14	453134.1	13	1820193	13
黑龙江	745970.4	9	862102	12	818039.4	8	2426112	10
上海	2632233.8	2	3950893	2	2103786.9	2	8686914	2
江苏	1788150.7	4	2337891	4	1442552.4	4	5568594	4
浙江	557421.9	15	1027106	11	903317.1	7	2487845	9

续表 7-3

地区	教师教辅薪水	排名	学生服务	排名	教研设备购置	排名	总额	排名
安徽	298740.4	18	471613	17	351085.8	16	1121439	17
福建	424220.3	16	858439	13	247945.2	17	1530605	16
江西	7348.6	23	2358	23	670.8	24	10377.4	23
山东	756198.1	8	1081847	9	674702.4	10	2512748	8
河南	19919.2	22	17204	22	7110.6	22	44233.8	22
湖北	2067104.2	3	3042300	3	1540169.1	3	6649573	3
湖南	569066.4	14	697604	15	409495.8	15	1676166	15
广东	1014649.3	7	1473353	6	768056.4	9	3256059	7
重庆	570545.5	13	638689	16	566135.4	11	1775370	14
四川	1457283.1	5	1157305	7	1069049.1	6	3683637	6
贵州	2506	24	1992	24	2171.1	23	6669.1	24
陕西	1143151.8	6	1743756	5	1105840.2	5	3992748	5
甘肃	292618.2	19	262652	18	203335.8	18	758606	18
宁夏	57131.2	21	32222	21	19079.7	21	108432.9	21
新疆	238862.4	20	215855	19	109332.9	20	564050.3	20

注：部分地区因数据不全未列在表中。

排在 2、3、4 位的分别是上海、湖北和江苏，贵州、江西和河南等地区的中央高校人才培养质量成本相对较低。

这其中，江西省中央部属高校相对较少，高校人才培养质量成本排在全国倒数第二位，仅为 10377.4 千元，教师教辅薪水和学生服务排在 23 位，而教研设备购置排在全国倒数第一位。

我国中央普通高校人才培养质量成本中，教师教辅薪水占 30.72%，学生服务占 42.19，教研设备购置占 27.09%。这其中，教师教辅薪水占比最高的是江西省，比例高达 70.81%，超过全国平均水平接近 1 倍；最低的是浙江，仅为 22.41%。学生服务占比最高的是福建省，比例达到 56.08%；最低的是江西省，比例仅为 22.72%。教研设备购置占比最高的地区是浙江省，占比为 36.31%；最低的地区是江西省（表 7-4）。

表 7-4 2010 年我国中央普通高校人才培养质量成本构成情况 （%）

地区	教师教辅薪水	排名	学生服务	排名	教研设备购置	排名
合计	30.72		42.19		27.09	
北京	28.36	21	41.1	13	30.54	6
天津	30.57	16	48.39	2	21.05	18

续表 7-4

地区	教师教辅薪水	排名	学生服务	排名	教研设备购置	排名
河北	53.68	2	25.93	23	20.39	19
辽宁	28.48	20	47.21	3	24.31	14
吉林	35.62	9	39.49	14	24.89	12
黑龙江	30.75	15	35.53	18	33.72	2
上海	30.3	17	45.48	5	24.22	15
江苏	32.11	12	41.98	10	25.91	11
浙江	22.41	24	41.28	12	36.31	1
安徽	26.64	23	42.05	9	31.31	5
福建	27.72	22	56.08	1	16.2	22
江西	70.81	1	22.72	24	6.46	24
山东	30.09	18	43.05	8	26.85	9
河南	45.03	4	38.89	15	16.08	23
湖北	31.09	14	45.75	4	23.16	17
湖南	33.95	10	41.62	11	24.43	13
广东	31.16	13	45.25	6	23.59	16
重庆	32.14	11	35.97	17	31.89	4
四川	39.56	6	31.42	20	29.02	7
贵州	37.58	8	29.87	21	32.55	3
陕西	28.63	19	43.67	7	27.7	8
甘肃	38.57	7	34.62	19	26.8	10
宁夏	52.69	3	29.72	22	17.6	21

7.2.2 生均质量成本情况

2010 年，我国中央部属高校人才培养生均质量成本为 17508 元，其中教师教辅薪水 5370 元，学生服务 7373 元，教研设备购置 4765 元。浙江是我国中央高校人才培养生均质量成本最高的地区，达到 31856 元，其中教师教辅薪水为 7138 元，排名全国第二；学生服务为 13151 元，排在全国第一；教研设备为 11567 元，排在全国第一。上海、北京和福建分列 2、3、4 位。河南、河北、甘肃和宁夏生均质量成本相对较低。

分项来看，上海生均教师教辅薪水最高，达到 7251 元；最低的是重庆，教师教辅薪水仅为 3656 元。

浙江、上海、北京和福建的生均学生服务成本较高；教研设备购置方面，浙江、北京和黑龙江等地区排在全国前列，河南、河北、甘肃和宁夏等地区在这两项上水平相对较低（表 7–5）。

表 7–5 2010 年我国中央普通高校人才培养生均质量成本情况 （元）

地区	教师教辅薪水	排名	学生服务	排名	教研设备购置	排名	总额	排名
合计	5370		7373		4765		17508	
北京	6164	3	8932	4	6638	2	21734	3
天津	5549	4	8784	5	3820	11	18153	5
河北	4845	10	2340	20	1972	19	9157	20
辽宁	4660	13	7726	6	3978	9	16364	7
吉林	4370	17	4845	15	3054	16	12269	16
黑龙江	5173	8	5979	14	5892	3	17044	6
上海	7251	1	10884	2	5795	4	23930	2
江苏	5212	6	6815	10	4205	7	16232	8
浙江	7138	2	13151	1	11567	1	31856	1
安徽	3917	20	6184	12	4626	5	14727	13
福建	5208	7	10538	3	3044	17	18790	4
山东	4604	14	6586	11	4125	8	15315	12
河南	4470	16	3861	19	1596	20	9927	19
湖北	4802	12	7067	7	3598	14	15467	11
湖南	4948	9	6065	13	3560	15	14573	14
广东	4820	11	6999	8	3649	12	15468	10
重庆	3656	21	4092	17	3627	13	11375	17
四川	5283	5	4195	16	3875	10	13353	15
陕西	4502	15	6867	9	4355	6	15724	9
甘肃	4360	18	3913	18	3030	18	11303	18
宁夏	4139	19	2334	21	1382	21	7855	21

注：部分地区因无数据未列入表中。

7.3 地方高校人才培养质量成本地区比较

7.3.1 质量成本总额情况

在我国地方普通高校中，广东人才培养质量成本最高，达到 12439054.4 千元，其中教师教辅薪水 5806997 千元，学生服务 4077741 千元，教研设备购置 2554316.4 千元，分别排在全国第 1 位、第 2 位和第 1 位（表 7-6）。

排在 2、3、4 位的分别是江苏、浙江和山东；海南、重庆、贵州和吉林等地区的地方高校人才培养质量成本相对较低。

江西省地方高校人才培养质量成本 5204832.6 千元，排在全国倒数第 13 位，教师教辅薪水、学生服务和教研设备购置分别排在全国第 13 位、第 12 位和第 14 位。

表 7-6　2010 年我国地方普通高校人才培养质量成本情况　（千元）

省、市、自治区	教师教辅薪水	排名	学生服务	排名	教研设备购置	排名	总额	排名
合计	65451765		55350645		31405731		152208141	
北京	2233479.5	12	2252298	9	1296831.6	11	5782609.1	12
天津	1550595.2	19	1582293	16	818769.9	16	3951658.1	17
河北	2665368.3	9	2462886	7	1448649.6	8	6576903.9	7
山西	1649795	16	1481151	18	649453.5	20	3780399.5	19
内蒙古	1332248.4	22	1159070	20	569060.1	22	3060378.5	21
辽宁	3092541.2	6	2999358	4	1307553	10	7399452.2	6
吉林	1401212.4	21	1432970	19	672593.1	18	3506775.5	20
黑龙江	1570377.9	17	1701537	14	1140949.8	13	4412864.7	16
上海	2943268.3	7	994135	22	1983973.2	4	5921376.5	11
江苏	5274389.4	2	4516300	1	2493279.3	2	12283968.7	2
浙江	4326660.8	3	2695527	6	2049050.4	3	9071238.2	3
安徽	1897658	15	1877949	13	681037.2	17	4456644.2	14
福建	2009809.9	14	1574247	17	852208.2	15	4436265.1	15
江西	2143063.3	13	2140076	12	921693.3	14	5204832.6	13
山东	3906219.8	4	3371725	3	1644536.4	5	8922481.2	4
河南	3357529.7	5	2754238	5	1579740.9	6	7691508.6	5
湖北	2815992.2	8	2303545	8	1330284	9	6449821.2	8
湖南	2512031.9	11	2191763	10	1450563.9	7	6154358.8	9
广东	5806997	1	4077741	2	2554316.4	1	12439054.4	1
广西	1554746.2	18	1600033	15	672490.2	19	3827269.4	18
海南	526687	24	296010	24	200224.5	24	1022921.5	24
重庆	1408130.5	20	1002624	21	616509.3	21	3027263.8	22
四川	2573548.6	10	2154807	11	1288856.7	12	6017212.3	10
贵州	829809.4	23	967451	23	390731.7	23	2187992.1	23

我国地方普通高校人才培养质量成本中，教师教辅薪水占43.01%，学生服务占36.37%，教研设备购置占20.63%。这其中，教师教辅薪水占比最高的是海南省，比例高达51.49%；最低的是黑龙江，仅为35.59%。学生服务占比最高的是贵州省，比例达到44.22%；最低的是上海，比例仅为16.79%。教研设备购置占比最高的地区是上海，占比为33.51%；最低的地区是安徽，占比仅15.28%（表7-7）。

表7-7　2010年我国地方普通高校人才培养质量成本构成情况　（%）

省、市、自治区	教师教辅薪水	排名	学生服务	排名	教研设备购置	排名
合计	43.01		36.37		20.63	
北京	38.62	22	38.95	9	22.43	5
天津	39.24	21	40.04	7	20.72	8
河北	40.53	19	37.45	13	22.03	6
山西	43.64	10	39.18	8	17.18	23
内蒙古	43.53	11	37.87	11	18.59	17
辽宁	41.79	15	40.53	6	17.67	21
吉林	39.96	20	40.86	5	19.18	16
黑龙江	35.59	24	38.56	10	25.86	2
上海	49.71	2	16.79	24	33.51	1
江苏	42.94	12	36.77	14	20.3	13
浙江	47.7	3	29.72	22	22.59	4
安徽	42.58	14	42.14	2	15.28	24
福建	45.3	6	35.49	19	19.21	15
江西	41.17	16	41.12	4	17.71	20
山东	43.78	7	37.79	12	18.43	18
河南	43.65	9	35.81	15	20.54	10
湖北	43.66	8	35.71	17	20.63	9
湖南	40.82	17	35.61	18	23.57	3
广东	46.68	4	32.78	21	20.53	11
广西	40.62	18	41.81	3	17.57	22
海南	51.49	1	28.94	23	19.57	14
重庆	46.51	5	33.12	20	20.37	12
四川	42.77	13	35.81	15	21.42	7
贵州	37.93	23	44.22	1	17.86	19

7.3.2 生均质量成本情况

2010年，我国地方部属高校人才培养生均质量成本为7185元，其中教师教辅薪水3150元，学生服务2663元，教研设备购置1372元。其中，北京是我国地方高校人才培养生均质量成本最高的地区，达到18679元，其中教师教辅薪水为7308元，排名全国第二；学生服务为7369元，排在全国第一；教研设备为4002元，排在全国第二。

上海的地方高校人才培养质量成本排在第2位。分项来看，教师教辅薪水和教研设备支出也均排在全国前列，分别为第2位和第1位，而学生服务仅排在全国第23位。

分项来看，教师教辅薪水较高的地区是北京、上海、西藏和浙江，安徽、河南、黑龙江、湖南相对较低；北京、西藏、青海和天津学生服务水平较高，河南、湖南、安徽和海南相对较低；上海、北京、浙江和天津的教研设备购置费用较高，安徽、海南和甘肃等地区相对较低（表7-8）。

表7-8 2010年我国地方普通高校人才培养生均质量成本情况 （元）

省、市、自治区	教师教辅薪水	排名	学生服务	排名	教研设备购置	排名	总额	排名
合计	3150		2663		1372		7185	
北京	7308	1	7369	1	4002	2	18679	1
天津	4046	7	4128	4	2071	4	10245	5
河北	2782	19	2570	16	1397	10	6749	16
山西	2801	18	2514	20	999	25	6314	22
内蒙古	2918	17	2538	18	1257	14	6713	18
辽宁	3509	12	3403	6	1346	11	8258	10
吉林	2774	20	2837	12	1248	16	6859	15
黑龙江	2293	29	2485	21	1517	8	6295	23
上海	6625	2	2238	23	4411	1	13274	2
江苏	3684	10	3154	7	1523	7	8361	9
浙江	4901	4	3053	9	2331	3	10285	4
安徽	2115	31	2093	29	676	31	4884	31
福建	3555	11	2785	13	1238	17	7578	12
江西	2435	26	2431	22	943	28	5809	26

续表 7-8

省、市、自治区	教师教辅薪水	排名	学生服务	排名	教研设备购置	排名	总额	排名
山东	2488	25	2147	27	958	27	5593	27
河南	2287	30	1876	31	978	26	5141	30
湖北	3138	14	2567	17	1184	20	6889	14
湖南	2298	28	2005	30	1175	21	5478	28
广东	4468	6	3137	8	1724	5	9329	7
广西	2672	22	2750	15	1006	24	6428	21
海南	3778	8	2123	28	815	29	6716	17
重庆	3120	15	2222	24	1249	15	6591	19
四川	2615	23	2190	25	1279	13	6084	25
贵州	2366	27	2758	14	1108	23	6232	24
云南	3231	13	2940	10	1214	18	7385	13
西藏	5294	3	4323	2	1502	9	11119	3
陕西	2688	21	2517	19	1324	12	6529	20
甘肃	2492	24	2164	26	772	30	5428	29
青海	4534	5	4262	3	1212	19	10008	6
宁夏	3695	9	2876	11	1149	22	7720	11
新疆	3016	16	3820	5	1554	6	8390	8

江西省地方高校人才培养生均质量成本 5809 元，排在全国第 26 位，教师教辅薪水、学生服务和教研设备购置分别排在全国第 26 位、第 22 位和第 28 位。

7.4　普通本科高校人才培养质量成本地区比较

7.4.1　质量成本总额情况

在我国普通本科高校中，北京地区人才培养质量成本最高，达到 22776676.2 千元，其中教师教辅薪水 6842081.4 千元，学生服务 9389253 千元，教研设备购置 6545341.8 千元，均排在全国第一位（表 7-9）。

排在 2、3、4 位的分别是江苏、上海和广东；西藏、青海、宁夏和海南等地区的本科高校人才培养质量成本相对较低。

这其中，江西省本科高校人才培养质量成本排在全国 20 位，教师教辅薪水学生服务和教研设备购置均在全国 19~20 位。

表 7-9 2010 年我国普通本科高校人才培养质量成本情况 （千元）

省、市、自治区	教师教辅薪水	排名	学生服务	排名	教研设备购置	排名	总额	排名
合计	68155205		71607146		43067338		182829689	
北京	6842081.4	1	9389253	1	6545341.8	1	22776676.2	1
天津	1735272	17	2171189	13	1036476.6	15	4942937.6	15
河北	2004415	13	2033047	15	1204197.9	13	5241659.9	14
山西	1113344.4	22	1115453	21	456414.9	23	2685212.3	22
内蒙古	919074.1	25	840769	24	451536.6	24	2211379.7	24
辽宁	3114002.5	9	3620636	7	1639557.6	11	8374196.1	8
吉林	1817632.6	16	1924881	17	1025696.1	16	4768209.7	16
黑龙江	1884099	14	2231615	11	1753106.1	10	5868820.1	11
上海	5094772.9	3	4844873	3	3837424.8	2	13777070.7	3
江苏	5365982.3	2	5583859	2	3251782.5	3	14201623.8	2
浙江	3494964.9	6	3058861	9	2420013.9	6	8973839.8	7
安徽	1612102.1	18	1779191	18	801442.8	19	4192735.9	18
福建	1855934.5	15	2053461	14	847582.8	18	4756978.3	17
江西	1571343.2	20	1606444	19	666572.4	20	3844359.6	20
山东	3485493.2	7	3671108	6	1835745	9	8992346.2	6
河南	2316685	11	1952456	16	1142639.7	14	5411780.7	13
湖北	4025654.5	5	4635945	4	2577122.1	5	11238721.6	5
湖南	2132690.7	12	2176215	12	1424023.5	12	5732929.2	12
广东	4793002.2	4	4529605	5	2600820.9	4	11923428.1	4
广西	1038400.3	23	1085167	22	480506.1	22	2604073.4	23
海南	388507.7	28	194962	29	115317.9	28	698787.6	28
重庆	1590411.9	19	1399948	20	1015309.2	17	4005669.1	19
四川	3207962.1	8	2490323	10	2021358.3	8	7719643.4	10
贵州	616924	27	704561	27	310532.7	27	1632017.7	27
云南	1154349.7	21	1053024	23	579462.9	21	2786836.6	21
西藏	149994.6	31	126892	31	46698.9	31	323585.5	31
陕西	2775257.1	10	3304560	8	2046331.8	7	8126148.9	9
甘肃	925943.2	24	829405	25	434441.1	25	2189789.3	25
青海	200460.4	30	187147	30	55771.2	30	443378.6	30
宁夏	255521.7	29	196671	28	92039.7	29	544232.4	29
新疆	672926.1	26	815625	26	352070.1	26	1840621.2	26

我国普通本科高校人才培养质量成本中，教师教辅薪水占37.28%，学生服务占39.17%，教研设备购置占23.56%。这其中，教师教辅薪水占比最高的是海南省，比例高达55.6%；最低的是北京，仅为30.04%。学生服务占比最高的是新疆，比例达到44.31%；最低的是海南省，比例仅为27.9%。教研设备购置占比最高的地区是黑龙江省，占比为29.87%；最低的地区是青海省（表7-10）。

在普通本科高校人才培养质量成本构成中，江西学生服务支出相对较高，排在全国第8位，其次是教师教辅薪水，排在全国第11位；教研设备采购相对较少，仅排在全国26位。

表7-10 2010年我国中央普通高校人才培养质量成本构成情况 （%）

省、市、自治区	教师教辅薪水	排名	学生服务	排名	教研设备购置	排名
合计	37.28		39.17		23.56	
北京	30.04	31	41.22	12	28.74	2
天津	35.11	28	43.93	2	20.97	15
河北	38.24	19	38.79	18	22.97	9
山西	41.46	9	41.54	10	17	27
内蒙古	41.56	7	38.02	19	20.42	17
辽宁	37.19	24	43.24	3	19.58	20
吉林	38.12	20	40.37	15	21.51	13
黑龙江	32.1	30	38.02	19	29.87	1
上海	36.98	25	35.17	27	27.85	3
江苏	37.78	22	39.32	16	22.9	11
浙江	38.95	16	34.09	29	26.97	4
安徽	38.45	18	42.44	6	19.12	22
福建	39.01	15	43.17	4	17.82	25
江西	40.87	11	41.79	8	17.34	26
山东	38.76	17	40.82	13	20.41	18
河南	42.81	5	36.08	26	21.11	14
湖北	35.82	27	41.25	11	22.93	10
湖南	37.2	23	37.96	22	24.84	8
广东	40.2	12	37.99	21	21.81	12
广西	39.88	13	41.67	9	18.45	24
海南	55.6	1	27.9	31	16.5	29
重庆	39.7	14	34.95	28	25.35	6
四川	41.56	7	32.26	30	26.18	5

续表 7-10

省、市、自治区	教师教辅薪水	排名	学生服务	排名	教研设备购置	排名
贵州	37.8	21	43.17	4	19.03	23
云南	41.42	10	37.79	24	20.79	16
西藏	46.35	3	39.21	17	14.43	30
陕西	34.15	29	40.67	14	25.18	7
甘肃	42.28	6	37.88	23	19.84	19
青海	45.21	4	42.21	7	12.58	31
宁夏	46.95	2	36.14	25	16.91	28
新疆	36.56	26	44.31	1	19.13	21

7.4.2　生均质量成本情况

2010 年，我国普通本科高校人才培养生均质量成本为 10419 元，其中教师教辅薪水 3930 元，学生服务 4129 元，教研设备购置 2360 元。这其中，北京是我国本科高校人才培养生均质量成本最高的地区，达到 21385 元，其中教师教辅薪水为 6424 元，排名全国第二；学生服务为 8815 元，排在全国第一；教研设备为 6146 元，排在全国第一（表 7-11）。

表 7-11　2010 年我国中央普通高校人才培养生均质量成本情况　（元）

省、市、自治区	教师教辅薪水	排名	学生服务	排名	教研设备购置	排名	总额	排名
合计	3930		4129		2360		10419	
北京	6424	2	8815	1	6146	1	21385	1
天津	4690	7	5868	3	2649	4	13207	4
河北	3007	23	3050	23	1680	18	7737	21
山西	3122	21	3128	19	1132	29	7382	25
内蒙古	3095	22	2832	26	1507	20	7434	24
辽宁	3755	13	4366	11	1860	13	9981	11
吉林	3305	19	3500	14	1786	15	8591	18
黑龙江	2825	27	3346	15	2490	6	8661	16
上海	7051	1	6705	2	5271	2	19027	2
江苏	4620	8	4808	6	2521	5	11949	5
浙江	5689	3	4979	4	4000	3	14668	3
安徽	2625	31	2898	25	1228	26	6751	29

续表 7-11

省、市、自治区	教师教辅薪水	排名	学生服务	排名	教研设备购置	排名	总额	排名
福建	4140	12	4580	9	1718	16	10438	10
江西	2752	28	2814	27	1043	30	6609	30
山东	2956	25	3114	20	1474	21	7544	22
河南	2674	30	2253	30	1149	28	6076	31
湖北	4253	10	4898	5	2397	9	11548	8
湖南	3124	20	3188	17	1848	14	8160	19
广东	4739	6	4479	10	2400	8	11618	7
广西	2840	26	2968	24	1189	27	6997	27
海南	4467	9	2242	31	813	31	7522	23
重庆	3525	15	3103	21	2230	10	8858	14
四川	3607	14	2800	28	2208	11	8615	17
贵州	2703	29	3087	22	1361	22	7151	26
云南	3436	16	3134	18	1569	19	8139	20
西藏	5519	4	4669	8	1718	16	11906	6
陕西	3413	17	4064	13	2471	7	9948	12
甘肃	3002	24	2689	29	1275	24	6966	28
青海	5058	5	4722	7	1337	23	11117	9
宁夏	4232	11	3258	16	1233	25	8723	15
新疆	3385	18	4103	12	1868	12	9356	13

分项来看，上海、北京、浙江和西藏的教师教辅薪水在全国排名靠前，安徽、河南、贵州和江西相对较低；北京、上海、天津和浙江的学生服务和教研设备购置费用全国排名前四，海南、河南和甘肃等地区的学生服务费用相对较低；海南、江西和陕西的教研设备支出相对较低。

江西省地方高校人才培养生均质量成本 6609 元，排在全国第 30 位，教师教辅薪水、学生服务和教研设备购置分别排在全国第 28 位、第 27 位和第 30 位。

7.5 地方本科普通高校人才培养质量成本地区比较

7.5.1 质量成本总额情况

在我国地方普通本科高校中，广东人才培养质量成本最高，达到 8814605.9 千元，其中教师教辅薪水 3860355.8 千元，学生服务 3098142 千元，教研设备购置 1856108.1 千元，分别排在全国第 1 位、第 2 位和第 1 位（表 7-12）。

排在2、3、4位的分别是江苏、山东和浙江，西藏、宁夏、青海和海南等地区的地方本科高校人才培养质量成本相对较低。

江西省地方高校人才培养质量成本3844359.6千元，排在全国倒数第14位，教师教辅薪水、学生服务和教研设备购置分别排在全国第14位、第10位和第15位。

表7-12 2010年我国地方普通本科高校人才培养质量成本情况 （千元）

省、市、自治区	教师教辅薪水	排名	学生服务	排名	教研设备购置	排名	总额	排名
合计	46650141		41510088		23794177		111954406	
北京	1666744.8	11	1889610	8	971247.9	11	4527602.7	10
天津	1085767.9	21	1142997	18	589266.3	17	2818031.2	19
河北	1808085.3	9	1894799	7	1126419.6	7	4829303.9	8
山西	1113344.4	20	1115453	19	456414.9	22	2685212.3	21
内蒙古	919074.1	24	840769	23	451536.6	24	2211379.7	24
辽宁	2459298.1	6	2535197	4	1080663.6	8	6075158.7	5
吉林	1169298.2	18	1206157	16	572562	19	2948017.2	18
黑龙江	1195883.5	17	1380433	13	955308.3	13	3531624.8	15
上海	2462539.1	5	893980	22	1733637.9	3	5090157	7
江苏	3598403.2	2	3273364	1	1826988.6	2	8698755.8	2
浙江	2937543	3	2031755	5	1516696.8	4	6485994.8	4
安徽	1319773	16	1308065	15	453171	23	3081009	17
福建	1431714.2	15	1195022	17	599637.6	16	3226373.8	16
江西	1571343.2	14	1606444	10	666572.4	15	3844359.6	14
山东	2790700.5	4	2603600	3	1187982.9	5	6582283.4	3
河南	2316685	7	1952456	6	1142639.7	6	5411780.7	6
湖北	2040794.7	8	1628545	9	1051731.3	9	4721071	9
湖南	1588573.7	13	1488098	12	1017971.7	10	4094643.4	13
广东	3860355.8	1	3098142	2	1856108.1	1	8814605.9	1
广西	1038400.3	22	1085167	20	480506.1	20	2604073.4	22
海南	388507.7	28	194962	28	115317.9	28	698787.6	28
重庆	1032334.8	23	773868	24	461336.1	21	2267538.9	23
四川	1773106.3	10	1359065	14	964471.8	12	4096643.1	12
贵州	616924	26	704561	25	310532.7	25	1632017.7	25
云南	1154349.7	19	1053024	21	579462.9	18	2786836.6	20

续表 7-12

省、市、自治区	教师教辅薪水	排名	学生服务	排名	教研设备购置	排名	总额	排名
西藏	149994.6	31	126892	31	46698.9	31	323585.5	31
陕西	1632105.3	12	1560804	11	940491.6	14	4133400.9	11
甘肃	633325	25	566753	27	231105.3	27	1431183.3	26
青海	200460.4	29	187147	29	55771.2	30	443378.6	29
宁夏	198390.5	30	164449	30	72960	29	435799.5	30
新疆	496321	27	648510	26	278964.9	26	1423795.9	27

我国地方普通本科高校人才培养质量成本中，教师教辅薪水占41.67%，学生服务占37.08%，教研设备购置占21.25%。这其中，教师教辅薪水占比最高的是海南省，比例高达55.6%；最低的是黑龙江，仅为33.86%。学生服务占比最高的是新疆，比例达到45.55%；最低的是上海，比例仅为17.56%。教研设备购置占比最高的地区是上海，占比为34.06%；最低的地区是青海（表7-13）。

表 7-13 2010 年我国中央普通高校人才培养质量成本构成情况 （%）

省、市、自治区	教师教辅薪水	排名	学生服务	排名	教研设备购置	排名
合计	41.67		37.08		21.25	
北京	36.81	29	41.74	6	21.45	9
天津	38.53	26	40.56	11	20.91	13
河北	37.44	28	39.24	14	23.32	6
山西	41.46	17	41.54	9	17	25
内蒙古	41.56	16	38.02	17	20.42	15
辽宁	40.48	21	41.73	7	17.79	23
吉林	39.66	23	40.91	10	19.42	18
黑龙江	33.86	31	39.09	16	27.05	2
上海	48.38	2	17.56	31	34.06	1
江苏	41.37	19	37.63	21	21	12
浙江	45.29	6	31.33	29	23.38	5
安徽	42.84	13	42.46	3	14.71	29
福建	44.38	8	37.04	22	18.59	20
江西	40.87	20	41.79	5	17.34	24
山东	42.4	15	39.55	13	18.05	22
河南	42.81	14	36.08	24	21.11	10
湖北	43.23	12	34.5	26	22.28	8
湖南	38.8	25	36.34	23	24.86	3

续表 7-13

省、市、自治区	教师教辅薪水	排名	学生服务	排名	教研设备购置	排名
广东	43.79	10	35.15	25	21.06	11
广西	39.88	22	41.67	8	18.45	21
海南	55.6	1	27.9	30	16.5	27
重庆	45.53	4	34.13	27	20.35	16
四川	43.28	11	33.18	28	23.54	4
贵州	37.8	27	43.17	2	19.03	19
云南	41.42	18	37.79	18	20.79	14
西藏	46.35	3	39.21	15	14.43	30
陕西	39.49	24	37.76	19	22.75	7
甘肃	44.25	9	39.6	12	16.15	28
青海	45.21	7	42.21	4	12.58	31
宁夏	45.52	5	37.74	20	16.74	26
新疆	34.86	30	45.55	1	19.59	17

7.5.2 生均质量成本情况

2010 年，我国地方普通本科高校人才培养生均质量成本为 8084 元，其中教师教辅薪水 3436 元，学生服务 3057 元，教研设备购置 1591 元。其中，北京是我国地方本科高校人才培养生均质量成本最高的地区，达到 19927 元，其中教师教辅薪水为 7366 元，排名全国第一；学生服务为 8351 元，排在全国第一；教研设备为 4210 元，排在全国第二（表 7-14）。

表 7-14 2010 年我国地方普通本科高校人才培养生均质量成本情况 （元）

省、市、自治区	教师教辅薪水	排名	学生服务	排名	教研设备购置	排名	总额	排名
合计	3436		3057		1591		8084	
北京	7366	1	8351	1	4210	2	19927	1
天津	4238	10	4462	4	2139	4	10839	6
河北	2904	19	3043	15	1673	9	7620	15
山西	3122	17	3128	13	1132	26	7382	19
内蒙古	3095	18	2832	19	1507	13	7434	17
辽宁	3542	13	3651	9	1397	19	8590	11
吉林	2866	20	2956	18	1308	22	7130	21
黑龙江	2254	31	2602	22	1630	10	6486	26
上海	6750	2	2450	26	4687	1	13887	2

续表 7-14

省、市、自治区	教师教辅薪水	排名	学生服务	排名	教研设备购置	排名	总额	排名
江苏	4309	8	3920	6	1826	7	10055	8
浙江	5318	4	3678	8	2747	3	11743	4
安徽	2429	30	2408	27	752	31	5589	31
福建	3821	11	3190	11	1406	17	8417	12
江西	2752	24	2814	20	1043	28	6609	25
山东	2697	27	2516	25	1055	27	6268	28
河南	2674	28	2253	29	1149	25	6076	29
湖北	3710	12	2961	17	1398	18	8069	14
湖南	2712	25	2540	23	1464	15	6716	24
广东	4619	6	3707	7	2008	5	10334	7
广西	2840	21	2968	16	1189	23	6997	22
海南	4467	7	2242	30	813	29	7522	16
重庆	3374	15	2529	24	1483	14	7386	18
四川	2761	23	2117	31	1427	16	6305	27
贵州	2703	26	3087	14	1361	20	7151	20
云南	3436	14	3134	12	1569	11	8139	13
西藏	5519	3	4669	3	1718	8	11906	3
陕西	2766	22	2645	21	1538	12	6949	23
甘肃	2604	29	2330	28	802	30	5736	30
青海	5058	5	4722	2	1337	21	11117	5
宁夏	4275	9	3544	10	1170	24	8989	10
新疆	3268	16	4271	5	1837	6	9376	9

分项来看，北京、上海、西藏和浙江的教师教辅薪水在全国排名靠前，黑龙江、安徽、甘肃等地区相对较低；北京、西藏、青海和天津的学生服务全国排名前四，而四川、海南和河南等地区的学生服务费用相对较低；上海、北京和浙江等地区教研设备购置费排名靠前，安徽、甘肃和海南抟各地区的教研设备支出相对较低。

江西省地方高校人才培养生均质量成本 6609 元，排在全国第 25 位，教师教辅薪水、学生服务和教研设备购置分别排在全国第 24 位、第 20 位和第 28 位。

7.6 普通高等专科学校人才培养质量成本

在我国普通专科高校中，广东省人才培养质量成本最高，为3771685千元，其中教师教辅薪水2028644.1千元，学生服务1021489千元，教研设备购置721551.9千元，分别排在全国的第一位、第二位和第一位（表7-15）。

表7-15 2010年我国中央普通高校人才培养质量成本情况 （千元）

省、市、自治区	教师教辅薪水	排名	学生服务	排名	教研设备购置	排名	总额	排名
合计	19419579		14121855		7847852.1		41389286.1	
北京	568809.5	14	364856	18	326894.4	9	1260559.9	13
天津	464827.3	19	439296	15	229503.6	15	1133626.9	17
河北	1010896.6	6	598848	9	377391.6	7	1987136.2	7
山西	536450.6	16	365698	17	193038.6	19	1095187.2	18
内蒙古	413174.3	21	318301	21	117523.5	24	848998.8	20
辽宁	633243.1	10	464161	14	226889.4	16	1324293.5	12
吉林	231914.2	26	226813	25	100031.1	25	558758.3	27
黑龙江	432249.3	20	332024	20	205883.1	18	970156.4	19
上海	480729.2	18	100155	28	250335.3	13	831219.5	21
江苏	1696557.8	2	1270332	1	684049.2	2	3650939	2
浙江	1389117.8	3	663772	8	532353.6	3	2585243.4	3
安徽	584296.3	11	570371	10	230680.2	14	1385347.5	10
福建	578095.7	13	379225	16	252570.6	12	1209891.3	16
江西	579068.7	12	535990	11	255791.7	11	1370850.4	11
山东	1176924.7	4	782464	5	483493.8	4	2442882.5	4
河南	1060763.9	5	818986	4	444211.8	5	2323961.7	5
湖北	857441.9	8	709900	7	293331	10	1860672.9	9
湖南	948407.6	7	713152	6	436036.2	6	2097595.8	6
广东	2028644.1	1	1021489	2	721551.9	1	3771685	1
广西	516345.9	17	514866	12	191984.1	20	1223196	15
海南	138179.3	28	101048	27	84906.6	26	324133.9	28
重庆	388264.1	22	241365	24	167335.5	21	796964.6	23
四川	822869.6	9	821789	3	336547.5	8	1981206.1	8
贵州	215391.4	27	264882	23	82370.1	27	562643.5	26
云南	344705.9	23	311269	22	124101	23	780075.9	24

续表 7-15

省、市、自治区	教师教辅薪水	排名	学生服务	排名	教研设备购置	排名	总额	排名
西藏	37959.6	31	26611	31	6634.5	31	71205.1	31
陕西	544237.4	15	476708	13	214895.1	17	1235840.5	14
甘肃	273970.9	25	221130	26	80446.2	28	575547.1	25
青海	52013.5	30	50194	30	14275.8	30	116483.3	30
宁夏	98917.7	29	66953	29	38938.8	29	204809.5	29
新疆	315111.3	24	349207	19	143856.3	22	808174.6	22

排在 2、3、4 位的分别是江苏、浙江和山东，而西藏、青海和宁夏等地区的中央高校人才培养质量成本相对较低。

这其中，江西省普通专科高校人才培养质量成本排在全国第 11 位，为 1370850.4 千元，教师教辅薪水、学生服务和教研设备购置均排在全国 11~12 位左右。

我国中央普通高校人才培养质量成本中，教师教辅薪水占 46.92%，学生服务占 34.12，教研设备购置占 18.96%。这其中，教师教辅薪水占比最高的是上海，比例高达 57.83%；最低的是贵州，仅为 38.28%。学生服务占比最高的是贵州省，比例达到 47.08%；最低的是上海，比例仅为 12.05%。教研设备购置占比最高的地区是上海，占比为 30.12%；最低的地区是西藏（表 7-16）。

表 7-16　2010 年我国中央普通高校人才培养质量成本构成情况　　（%）

省、市、自治区	教师教辅薪水	排名	学生服务	排名	教研设备购置	排名
合计	46.92		34.12		18.96	
北京	45.12	18	28.94	28	25.93	3
天津	41	29	38.75	10	20.25	9
河北	50.87	5	30.14	27	18.99	14
山西	48.98	6	33.39	21	17.63	19
内蒙古	48.67	8	37.49	14	13.84	29
辽宁	47.82	11	35.05	17	17.13	21
吉林	41.51	28	40.59	7	17.9	17
黑龙江	44.55	20	34.22	19	21.22	4
上海	57.83	1	12.05	31	30.12	1
江苏	46.47	14	34.79	18	18.74	15
浙江	53.73	3	25.68	30	20.59	8

续表 7-16

省、市、自治区	教师教辅薪水	排名	学生服务	排名	教研设备购置	排名
安徽	42.18	26	41.17	6	16.65	23
福建	47.78	12	31.34	24	20.88	6
江西	42.24	24	39.1	9	18.66	16
山东	48.18	10	32.03	23	19.79	10
河南	45.64	16	35.24	16	19.11	12
湖北	46.08	15	38.15	13	15.76	25
湖南	45.21	17	34	20	20.79	7
广东	53.79	2	27.08	29	19.13	11
广西	42.21	25	42.09	4	15.7	26
海南	42.63	23	31.17	25	26.19	2
重庆	48.72	7	30.29	26	21	5
四川	41.53	27	41.48	5	16.99	22
贵州	38.28	31	47.08	1	14.64	27
云南	44.19	21	39.9	8	15.91	24
西藏	53.31	4	37.37	15	9.32	31
陕西	44.04	22	38.57	11	17.39	20
甘肃	47.6	13	38.42	12	13.98	28
青海	44.65	19	43.09	3	12.26	30
宁夏	48.3	9	32.69	22	19.01	13
新疆	38.99	30	43.21	2	17.8	18

总体来看，江西省高校人才培养生均质量成本水平较低，在全国总体排名靠后（表 7-17）。尤其是教研设备购置费用基本都处于全国倒数。

表 7-17 江西省各类高校人才培养生均质量成本及全国排名 （元）

类别	教师教辅薪水	排名	学生服务	排名	教研设备购置	排名	总额	排名
普通高校	1724	22	1718	23	276	30	3718	26
地方普通	2435	26	2431	22	943	28	5809	26
普通本科	2752	28	2814	27	1043	30	6609	30
地方普通本科	2752	24	2814	20	1043	28	6609	25

从普通高校办学层次对比来看，江西省普通本科高校人才培养质量成本与专科人才培养质量成本的比值小于全国平均水平，排在全国第 22 位。教师教辅薪

水、学生服务以及教研设备购置等构成项目的本科–专科比值均在全国平均以下，分别排在全国第21位、第24位和第25位。静态比较来看，江西省应加大对本科高校的质量成本投入。2010年全国各地区人才培养质量成本本科–专科比值见表7–18。

表7–18 2010年全国各地区人才培养质量成本本科–专科比值

省、市、自治区	教师教辅薪水		学生服务		教研设备购置		质量成本总额	
	比值	排名	比值	排名	比值	排名	比值	排名
合计	3.51		5.07		5.49		4.42	
北京	12.03	1	25.73	2	20.02	1	18.07	1
天津	3.73	12	4.94	10	4.52	15	4.36	10
河北	1.98	31	3.39	18	3.19	24	2.64	25
山西	2.08	29	3.05	22	2.36	29	2.45	27
内蒙古	2.22	26	2.64	27	3.84	17	2.60	26
辽宁	4.92	5	7.80	4	7.23	7	6.32	5
吉林	7.84	3	8.49	3	10.25	3	8.53	3
黑龙江	4.36	7	6.72	6	8.52	6	6.05	6
上海	10.60	2	48.37	1	15.33	2	16.57	2
江苏	3.16	16	4.40	15	4.75	12	3.89	13
浙江	2.52	23	4.61	13	4.55	14	3.47	18
安徽	2.76	20	3.12	20	3.47	21	3.03	20
福建	3.21	15	5.41	9	3.36	22	3.93	11
江西	2.71	21	3.00	24	2.61	25	2.80	22
山东	2.96	17	4.69	12	3.80	18	3.68	16
河南	2.18	27	2.38	28	2.57	26	2.33	28
湖北	4.69	6	6.53	7	8.79	5	6.04	7
湖南	2.25	25	3.05	21	3.27	23	2.73	23
广东	2.36	24	4.43	14	3.60	20	3.16	19
广西	2.01	30	2.11	30	2.50	27	2.13	31
海南	2.81	19	1.93	31	1.36	31	2.16	30
重庆	4.10	8	5.80	8	6.07	9	5.03	8
四川	3.90	10	3.03	23	6.01	10	3.90	12
贵州	2.86	18	2.66	26	3.77	19	2.90	21
云南	3.35	14	3.38	19	4.67	13	3.57	17
西藏	3.95	9	4.77	11	7.04	8	4.54	9

续表 7-18

省、市、自治区	教师教辅薪水		学生服务		教研设备购置		质量成本总额	
	比值	排名	比值	排名	比值	排名	比值	排名
陕西	5.10	4	6.93	5	9.52	4	6.58	4
甘肃	3.38	13	3.75	16	5.40	11	3.80	15
青海	3.85	11	3.73	17	3.91	16	3.81	14
宁夏	2.58	22	2.94	25	2.36	30	2.66	24
新疆	2.14	28	2.34	29	2.45	28	2.28	29

8 高校人才培养质量成本的效率及影响因素研究

本章以高校毕业生就业率为基准，测算全国各地区单位就业人才培养质量成本，以此作为衡量高校人才培养质量成本的效率标准。进一步地，对质量成本和就业率的关系进行定量分析，寻找影响优化质量成本的主要途径。

8.1 高校人才培养质量成本的效率测算

高校人才培养的主要目标是为社会提供一定质量和数量的符合经济社会发展需要的毕业生。毕业生就业率和就业质量的高低直接关系到高校人才培养目标质量成本的效率。因此，本章用单位就业人才培养质量成本，即人才培养质量成本/(各地区就业率×城镇单位就业人员平均工资水平)，来衡量我国高校人才培养质量成本的效率。

8.1.1 各地高等院校就业基本情况

《2009~2010 年全国高校毕业生就业状况》详细地对我国各地区分学历分院小所在地高校毕业生的就业情况进行了分析。本章就业率数据直接采取该书中的统计数据。

2010 年，我国高校毕业生总体就业率为 84.3%，其中本科就业率为 84.4%，专科就业率为 84.2%（表 8-1）。

分地区来看，上海、浙江、北京、广东、天津、辽宁高校毕业生就业率相对较高，达到 90%以上；西藏、甘肃等省份高校毕业生就业率偏低，不到 40%；新疆和山西的就业率不超过 70%。

分区域来看，京津沪地区高校毕业生就业率最高，达到 95.4%，其中本科和专科就业率分别为 94.5%和 96.9%。其次是东部地区（京津沪除外），总体、本科和专科就业率分别为 85.2%、85.5%和 85.1%。中部地区紧随其后，最低的是西部地区，总体、本科和专科就业率分别为 79.6%、78.7%和 80.5%。我国高校毕业生就业呈现明显的东高西低的特征。

表 8-1 2010 年分学历分院校所在地毕业生就业率情况 （%）

地 区		本科	专科	合计
京津沪	北京	94.3	98.6	95.7
	天津	90.9	93.2	91.1
	上海	98.1	99.2	98.5
	小计	94.5	96.9	95.4
东部地区（除京津沪）	河北	78.1	73.5	74.3
	辽宁	92.8	92.5	92.2
	江苏	82.2	89.4	86
	浙江	94.7	96.8	95.8
	福建	81.2	85.8	83.5
	山东	78.5	76	76.4
	广东	91.2	94.6	92.8
	海南	86	88.8	87.4
	小计	85.5	85.1	85.2
中部地区	山西	67.8	68.4	68.2
	吉林	85.6	80.1	83.1
	黑龙江	90.4	89.3	89.4
	安徽	85.8	90.9	88.9
	江西	84.4	85.2	85.1
	河南	85.3	85	85
	湖北	87.8	87.3	87.5
	湖南	80.3	80.5	79.6
	小计	84.4	83.4	83.7
西部地区	内蒙古	81.4	85.5	82.3
	广西	85.6	91.4	89.3
	重庆	86.9	92	88.4
	四川	83.6	86.2	85.1
	贵州	78.3	80	78.2
	云南	79.4	83.3	81.3
	西藏	38.7	32.8	36.9
	陕西	85.5	84.7	85.2
	甘肃	45.7	15.6	33.4
	青海	81.7	86.1	82.7

续表 8-1

地区		本科	专科	合计
西部地区	宁夏	66.5	86.1	76
	新疆	60.4	74.5	67
	小计	78.7	80.5	79.6
全国	合计	84.4	84.2	84.3

数据来源：《2009~2010 年全国高校毕业生就业状况》。

8.1.2 单位就业人才培养质量成本

本节对各地区单位就业人才培养质量成本进行分析。其中单位就业人才培养质量成本用人才培养质量成本/(各地区就业率×城镇单位就业人员平均工资水平) 来衡量。

我国普通高校每百元就业工资对应的生均人才培养质量成本情况见表 8-2。

表 8-2 2010 年普通高校每百元就业工资对应的生均人才培养质量成本 (元)

地区	教师教辅薪水		学生服务		教研设备购置		生均质量成本	
	数值	排名	数值	排名	数值	排名	数值	排名
安徽	4.86	1	5.2	5	1.1	2	11.16	2
北京	6.87	13	9.04	24	4.49	28	20.4	25
福建	6.32	9	6.31	11	2.09	11	14.72	10
甘肃	20.36	30	17.83	30	5.69	30	43.89	30
广东	6.75	11	5.49	7	2.8	24	15.04	11
广西	6.24	8	6.42	13	1.55	8	14.21	6
贵州	7.56	17	8.8	23	2.53	19	18.89	21
海南	9.61	25	5.4	6	1.61	9	16.62	17
河北	7.01	14	6.12	10	1.46	6	14.58	8
河南	5	3	4.1	1	0.94	1	10.04	1
黑龙江	9.04	23	10.01	27	2.59	20	21.64	26
湖北	8.34	22	9.13	25	2.14	13	19.61	23
湖南	8.01	20	7.51	19	1.33	4	16.85	19
吉林	10.33	28	10.85	28	3.24	26	24.43	28
江苏	6.84	12	6.64	14	2.61	21	16.09	13
江西	7.14	16	7.12	17	1.14	3	15.4	12
辽宁	5.11	4	5.57	8	1.8	10	12.49	4
内蒙古	7.66	18	6.67	15	2.45	18	16.78	18
宁夏	10.2	26	7.58	20	2.13	12	19.91	24
青海	10.29	27	9.67	26	2.34	16	22.31	27

续表 8-2

地区	教师教辅薪水		学生服务		教研设备购置		生均质量成本	
	数值	排名	数值	排名	数值	排名	数值	排名
山东	8.32	21	7.95	21	1.5	7	17.77	20
山西	9.21	24	8.27	22	1.44	5	18.92	22
陕西	6.55	10	7.46	18	2.39	17	16.41	16
上海	5.36	5	4.76	4	4.11	27	14.23	7
四川	5.74	7	4.72	3	2.77	22	13.22	5
天津	5.7	6	6.76	16	2.22	14	14.68	9
西藏	25.34	31	20.69	31	6.15	31	52.18	31
新疆	10.91	29	12.87	29	5.2	29	28.98	29
云南	7.04	15	6.41	12	2.84	25	16.28	14
浙江	7.92	19	6.04	9	2.32	15	16.28	14
重庆	4.97	2	4.13	2	2.77	22	11.87	3

每百元就业工资对应的生均人才培养质量成本最低的是河南，仅为 10.04，只有西藏的 1/5。安徽、重庆和辽宁相对水平也较低。西藏每百元就业工资对应的生均人才培养质量成本为 52.18 元，排在全国第一位；其次是甘肃，生均质量成本为 43.89 元。新疆、吉林和青海分列的生均人才培养质量成本相对水平也较高。

江西省每百元就业工资对应的生均人才培养质量成本为 15.4 元，排在全国第 12 位。其中，教师教辅薪水为 7.14 元，全国排名 16 位；学生服务 7.12 元，全国排名第 17 位；教研设备购置 1.14 元，全国排名第三位。

在普通本科高校中，每百元就业工资对应的生均人才培养质量成本最低的是安徽，仅为 23.6 元，河南、内蒙古和广西分列第二、三、四位。西藏每百元就业工资对应的生均人才培养质量成本最高，达到 61.66 元。甘肃、湖北和新疆水平也相对较高。2010 年普通本科高校每百元就业工资对应的生均人才培养质量成本见表 8-3。

表 8-3 2010 年普通本科高校每百元就业工资对应的生均人才培养质量成本 （元）

地区	教师教辅薪水		学生服务		教研设备购置		生均质量成本	
	数值	排名	数值	排名	数值	排名	数值	排名
安徽	9.18	1	10.13	4	4.29	2	23.6	1
北京	10.46	3	14.35	24	10	30	34.8	20
福建	15.77	25	17.44	27	6.54	15	39.75	27
甘肃	22.58	30	20.22	29	9.59	27	52.4	30

续表 8-3

地区	教师教辅薪水		学生服务		教研设备购置		生均质量成本	
	数值	排名	数值	排名	数值	排名	数值	排名
广东	12.85	16	12.15	11	6.51	14	31.51	14
广西	10.82	6	11.3	8	4.53	5	26.65	4
贵州	11.34	10	12.95	15	5.71	12	30.01	11
海南	16.88	26	8.47	1	3.07	1	28.42	7
河北	12.24	15	12.42	12	6.84	17	31.5	13
河南	10.51	4	8.86	2	4.52	4	23.89	2
黑龙江	11.27	8	13.35	17	9.93	29	34.54	18
湖北	15.23	24	17.54	28	8.58	24	41.35	28
湖南	13.11	17	13.38	18	7.76	21	34.25	17
吉林	13.31	19	14.1	22	7.19	18	34.6	19
江苏	14.13	21	14.71	25	7.71	20	36.55	24
江西	11.5	11	11.76	9	4.36	3	27.61	5
辽宁	11.75	13	13.66	20	5.82	13	31.23	12
内蒙古	10.8	5	9.88	3	5.26	9	25.94	3
宁夏	17.12	27	13.18	16	4.99	7	35.29	23
青海	17.14	28	16	26	4.53	5	37.67	25
山东	11.3	9	11.91	10	5.64	10	28.84	8
山西	13.93	20	13.96	21	5.05	8	32.94	16
陕西	11.96	14	14.24	23	8.66	25	34.86	21
上海	10.87	7	10.34	7	8.13	23	29.33	9
四川	13.25	18	10.28	5	8.11	22	31.65	15
天津	10.02	2	12.54	13	5.66	11	28.22	6
西藏	28.58	31	24.18	31	8.9	26	61.66	31
新疆	17.51	29	21.23	30	9.66	28	48.41	29
云南	14.82	23	13.52	19	6.77	16	35.11	22
浙江	14.78	22	12.94	14	10.39	31	38.11	26
重庆	11.68	12	10.28	5	7.39	19	29.36	10

江西省普通本科高校每百元就业工资对应的生均人才培养质量成本位 27.61 元，位于全国第五位，其中教师教辅薪水 11.5 元，位于全国第 11 位；学生服务 11.76 元，排在全国第九位；教研设备购置 4.36 元，排在全国第三位。

8.2 高校人才培养质量成本与就业的实证分析

8.2.1 普通高校人才培养质量成本与就业的实证分析

利用各地区就业率×城镇单位就业人员平均工资水平得到各地区就业值，并按照从高到低排序，并分成四类。见表 8-4。

2010 年上海就业值为 65123 元，排在全国第一位，北京、天津、浙江、广东等地区紧随其后；甘肃省就业值最低，仅为 9718 元，只有上海的 1/6。

将地区按照就业值高低等分为 4 类，分别标记为Ⅰ、Ⅱ、Ⅲ和Ⅳ类。

对比来看，Ⅰ类地区生均质量成本最高，为 6746.5 元，教师教辅薪水、学生服务和教研设备购置均高于Ⅱ、Ⅲ和Ⅳ类地区。以此类推，Ⅱ类地区生均质量成本、教师教辅薪水、学生服务和教研设备购置高于Ⅲ、Ⅳ类（除西藏、新疆）地区。由此可以初步判断，我国普通高校就业值与人才培养生均质量成本正相关，质量成本越高，就业分值也越高。

进一步观察发现，教师教辅薪水占比与就业分值负向相关，学生服务与就业分值相关性不明显，而教研设备购置与就业分值正相关（表 8-4）。

表 8-4 2010 年我国普通高校人才培养质量成本与就业基本情况 （元）

地区		就业值	生均质量成本	教师教辅薪水	学生服务	教研设备购置	薪水占比/%	学生服务占比/%	教研设备占比/%
Ⅰ	上海	65123	9267	3493	3098	2676	0.38	0.33	0.29
	北京	62356	12722	4284	5638	2800	0.34	0.44	0.22
	天津	46906	6886	2674	3173	1039	0.39	0.46	0.15
	浙江	38933	6340	3084	2351	905	0.49	0.37	0.14
	广东	37521	5643	2533	2061	1049	0.45	0.37	0.19
	江苏	34204	5505	2341	2271	893	0.43	0.41	0.16
	辽宁	31751	3966	1624	1770	572	0.41	0.45	0.14
	重庆	30699	3643	1527	1267	849	0.42	0.35	0.23
	平均	43437	6746.5	2695	2703	1348	0.41	0.39	0.19

续表 8-4

	地区	就业值	生均质量成本	教师教辅薪水	学生服务	教研设备购置	薪水占比/%	学生服务占比/%	教研设备占比/%
Ⅱ	青海	29872	6664	3075	2890	699	0.46	0.43	0.10
	安徽	29640	3307	1441	1541	325	0.44	0.47	0.10
	内蒙古	28979	4864	2221	1932	711	0.46	0.40	0.15
	陕西	28443	4667	1864	2123	680	0.40	0.45	0.15
	宁夏	28246	5623	2880	2142	601	0.51	0.38	0.11
	湖北	27835	5458	2321	2541	596	0.43	0.47	0.11
	四川	27715	3665	1591	1307	767	0.43	0.36	0.21
	广西	27391	3893	1709	1759	425	0.44	0.45	0.11
	平均	28515	4767	2137	2029	600	0.45	0.43	0.13
Ⅲ	福建	27004	3975	1706	1705	564	0.43	0.43	0.14
	海南	26897	4471	2585	1453	433	0.58	0.32	0.10
	山东	25457	4524	2119	2024	381	0.47	0.45	0.08
	河南	25346	2545	1268	1040	237	0.50	0.41	0.09
	黑龙江	24795	5365	2242	2482	641	0.42	0.46	0.12
	江西	24137	3718	1724	1718	276	0.46	0.46	0.07
	吉林	24101	5887	2490	2615	782	0.42	0.44	0.13
	贵州	23799	4495	1798	2094	603	0.40	0.47	0.13
	平均	25192	4372	1991	1891	489	0.45	0.43	0.12
Ⅳ	云南	23736	3865	1671	1521	673	0.43	0.39	0.17
	湖南	23617	3980	1892	1774	314	0.48	0.45	0.08
	河北	23368	3407	1637	1429	341	0.48	0.42	0.10
	山西	22545	4266	2077	1865	324	0.49	0.44	0.08
	新疆	21442	6214	2340	2759	1115	0.38	0.44	0.18
	西藏	18412	9608	4666	3810	1132	0.49	0.40	0.12
	甘肃	9718	4265	1979	1733	553	0.46	0.41	0.13
	平均	20405	5086	2323	2127	636	0.46	0.42	0.12
	平均（除西藏、新疆）	20597	3957	1851	1664	441	0.47	0.42	0.11

那么，到底生均质量成本及其构成与就业分值之间具有怎样的关系？本书进一步对生均质量成本与就业分值进行实证分析，以明晰两者之间的关系，为高校

人才培养质量成本的优化提供思路。

利用2010年高校毕业生就业数据、人才培养生均质量成本数据展开定量分析。各变量统计性描述情况见表8-5。

表8-5 普通高等院校实证分析数据统计行描述

变　量	样本数	平均值	标准差	最小值	最大值
就业值	31	29677.06	11162.72	9718.064	65123.27
生均质量成本	31	5248.323	2107.78	2545	12722
教师教辅薪水	31	2285.677	792.6935	1268	4666
学生服务	31	2189.871	892.9134	1040	5638
教研设备购置	31	772.7742	581.7388	237	2800
教师教辅薪水比例	31	0.443056	0.047216	0.33674	0.57817
学生服务比例	31	0.418551	0.041938	0.324983	0.465981
教研设备比例	31	0.138393	0.050154	0.074234	0.288767

相关性分析显示，我国普通高校就业分值与生均质量成本、教师教辅薪水、学生服务、教研设备购置占比、本专科比和地区平均工资显著正相关，而与教师教辅薪水占比显著负相关（表8-6）。

表8-6 普通高校实证分析变量相关系数矩阵

变量	就业值	生均质量成本	教师教辅薪水	学生服务	设备购置	薪水占比	学生占比	设备占比	毕业生数	本专科比	平均工资
就业值	1										
生均质量成本	0.6485	1									
	0.0001										
教师教辅薪水	0.475	0.9341	1								
	0.0069	0									
学生服务	0.5739	0.963	0.8593	1							
	0.0007	0	0								
设备购置	0.8216	0.8722	0.7028	0.7835	1						
	0	0	0	0							
薪水占比	−0.495	−0.411	−0.093	−0.5	−0.597	1					
	0.0047	0.0215	0.6181	0.0042	0.0004						
学生占比	−0.211	−0.08	−0.212	0.1746	−0.268	−0.372	1				
	0.2538	0.6699	0.2525	0.3475	0.1448	0.0394					

续表 8-6

变量	就业值	生均质量成本	教师教辅薪水	学生服务	设备购置	薪水占比	学生占比	设备占比	毕业生数	本专科比	平均工资
设备占比	0.6424	0.454	0.2649	0.3243	0.7862	-0.631	-0.486	1			
	0.0001	0.0103	0.1498	0.0751	0	0.0001	0.0056				
毕业生数	0.0504	-0.299	-0.362	-0.261	-0.191	-0.012	0.149	-0.114	1		
	0.7877	0.1023	0.0457	0.1567	0.3043	0.951	0.4236	0.5422			
本专科比	0.5458	0.7499	0.5855	0.7632	0.748	-0.578	0.0186	0.5282	-0.268	1	
	0.0015	0	0.0005	0	0	0.0007	0.9209	0.0023	0.1453		
平均工资	0.8556	0.8611	0.765	0.7671	0.9001	-0.418	-0.255	0.6066	-0.137	0.6198	1
	0	0	0	0	0	0.0193	0.1664	0.0003	0.4641	0.0002	

进一步散点图也证实了上述相关性的存在。图 8-1～图 8-7 所示分别作为就业与生均质量成本、教师教辅薪水、学生服务、教研设备等变量的散点图。

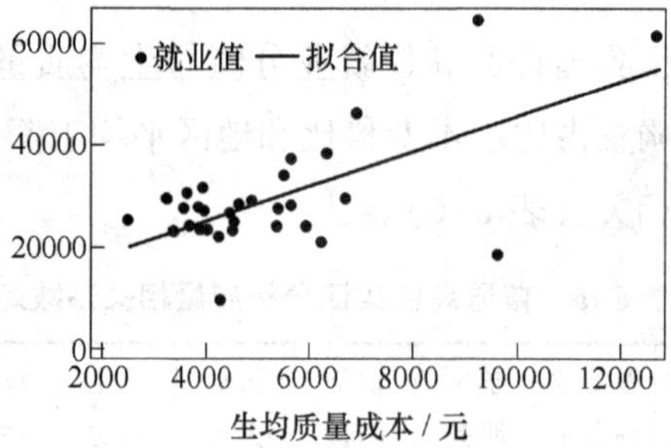

图 8-1　就业与生均质量成本散点

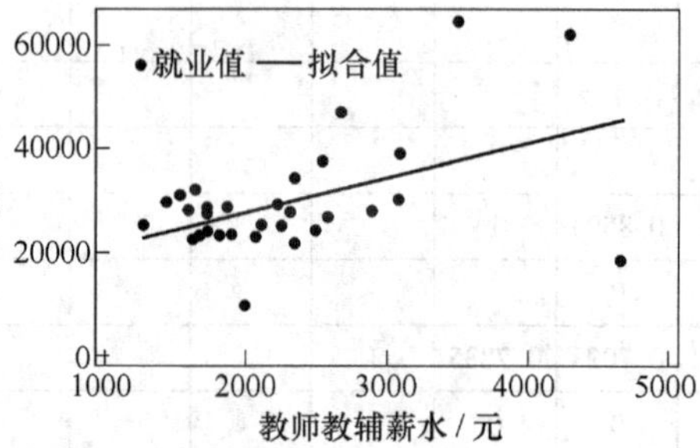

图 8-2　就业与教师教辅薪水散点

通过数据标准化后，运用 Stata 软件的逐步回归法，对以上变量进行稳健性回归，实证分析见表 8-7。

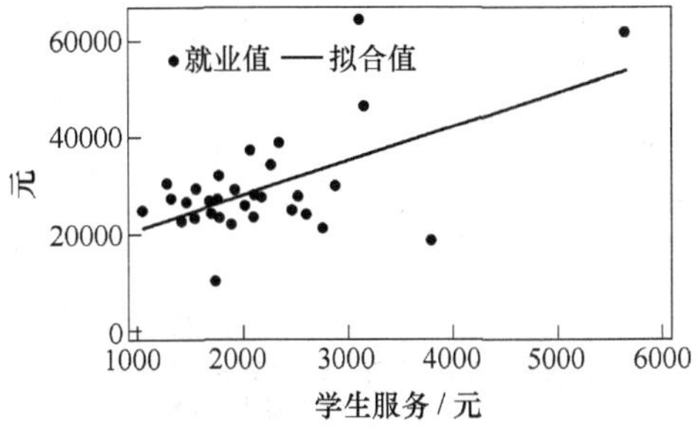

图 8-3　就业与学生服务散点

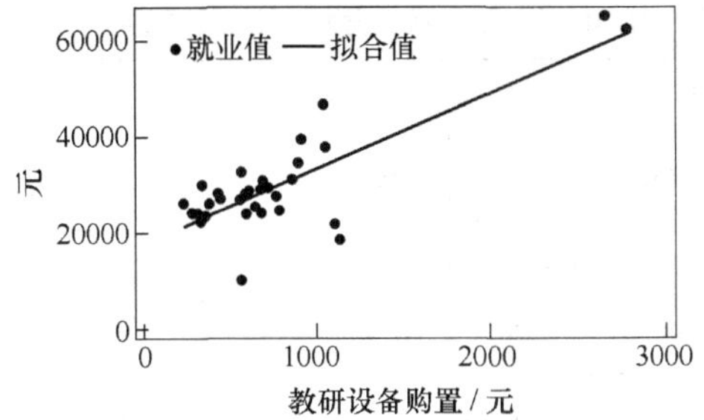

图 8-4　就业与教研设备购置散点

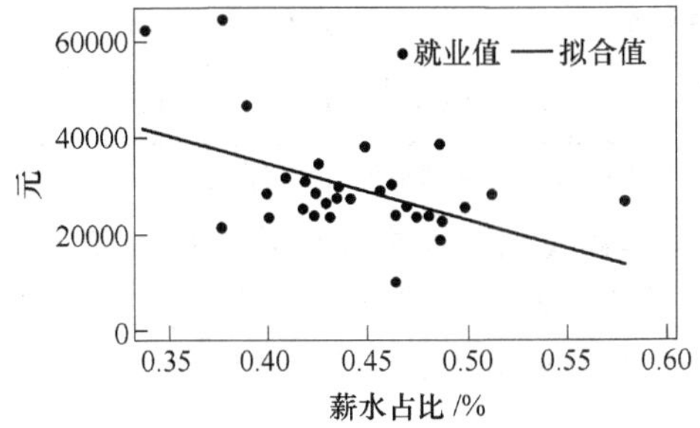

图 8-5　就业与教师教辅薪水占比散点

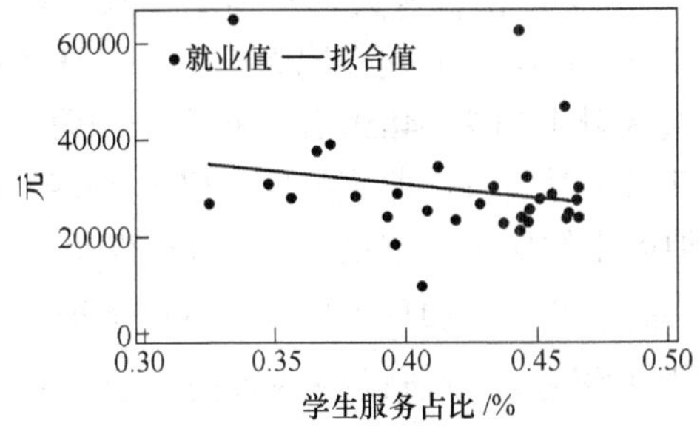

图 8-6　就业与学生服务占比散点

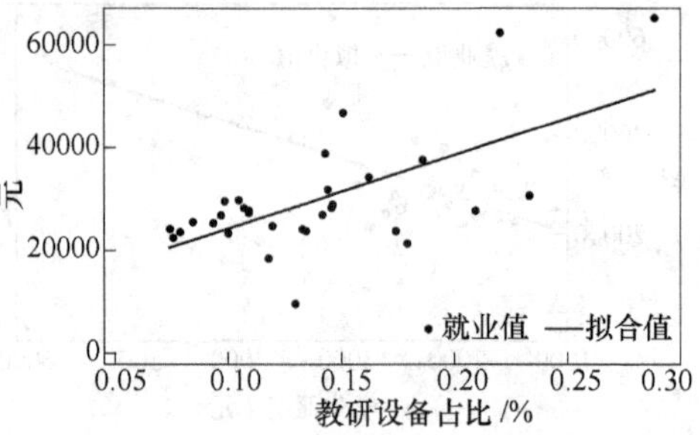

图 8-7 就业与教研设备占比散点图

表 8-7 我国普通高校就业分值影响因素的实证分析结果

来源	SS	df	MS	
模型	20. 8757032	2	10. 4378516	Number of obs = 31 F（2，28）= 32. 03 Prob>F = 0. 0000
剩余	9. 12429634	28	0. 325867727	R-squared = 0. 6959 Adj R-squared = 0. 6741
总计	29. 9999995	30	0. 999999984	Root MSE = 0. 57085

stvar2	Coef.	Std. Err.	t	p>| t |	[95% Conf. Interval]	
stvar4	-0. 202494	0. 1465128	-1. 38	0. 178	-0. 5026118	0. 0976238
stvar6	0. 9639696	0. 1465128	6. 58	0. 000	-0. 6638518	1. 264087
_ cons	-4. 17e-09	0. 1025274	-0. 00	1. 000	-0. 2100178	0. 2100178

注：stvar4 表示教师教辅薪水；stvar6 表示教研设备购置占比。

结果显示，模型能解释我国普通高校就业分值方差的 67. 41%。教师教辅薪水（stvar4）的提高会导致普通高校就业分值得下降，影响系数位-0. 20，而教研设备购置占比（stvar6）与就业分值正相关，相关系数位 0. 964。

8. 2. 2 本科人才培养质量成本与就业率的实证分析

利用各地区就业率×城镇单位就业人员平均工资水平得到各地区就业值，并按照从高到低排序，并分成四类，分别标记为Ⅰ、Ⅱ、Ⅲ和Ⅳ类（表 8-8）。

2010 年上海本科高校就业值为 64859 元，排在全国第一位，北京、天津、浙江、广东等地区紧随其后；甘肃省就业值最低，仅为 13297 元。

对比来看，Ⅰ类地区生均质量成本最高，为 13837 元，教师教辅薪水、学生服务和教研设备购置均高于Ⅱ、Ⅲ和Ⅳ类地区。以此类推，Ⅱ类地区生均质量成本、教师教辅薪水、学生服务和教研设备购置高于Ⅲ、Ⅳ类（除西藏、新疆）地区。由此可以初步判断，我国普通本科高校就业值与人才培养生均质量成本正相关，质量成本越高，就业分值也越高。

进一步观察发现，教师教辅薪水占比与就业分值相关性不明显，学生服务与就业分值负向。相关，而教研设备购置与就业分值正相关。

表 8-8 2010 年我国普通本科高校人才培养质量成本与就业基本情况 （元）

地区		就业值	教师教辅薪水	学生服务	教研设备购置	生均质量成本	薪水占比/%	学生服务占比/%	教研设备占比/%
Ⅰ	上海	64859	7051	6705	5271	19026	0.37	0.35	0.28
	北京	61444	6424	8815	6146	21385	0.30	0.41	0.29
	天津	46804	4690	5868	2649	13207	0.36	0.44	0.20
	浙江	38486	5689	4979	4000	14668	0.39	0.34	0.27
	广东	36874	4739	4479	2400	11618	0.41	0.39	0.21
	江苏	32693	4620	4808	2521	11950	0.39	0.40	0.21
	辽宁	31958	3755	4366	1860	9981	0.38	0.44	0.19
	重庆	30178	3525	3103	2230	8859	0.40	0.35	0.25
	平均	42912	5062	5390	3385	13837	0.37	0.39	0.24
Ⅱ	青海	29511	5058	4722	1337	11118	0.45	0.42	0.12
	内蒙古	28662	3095	2832	1507	7435	0.42	0.38	0.20
	安徽	28607	2625	2898	1228	6751	0.39	0.43	0.18
	陕西	28543	3413	4064	2471	9949	0.34	0.41	0.25
	湖北	27930	4253	4898	2397	11549	0.37	0.42	0.21
	四川	27226	3607	2800	2208	8616	0.42	0.32	0.26
	海南	26467	4467	2242	813	7522	0.59	0.30	0.11
	福建	26260	4140	4580	1718	10438	0.40	0.44	0.16
	平均	27901	3832	3630	1710	9172	0.42	0.39	0.19
Ⅲ	广西	26256	2840	2968	1189	6996	0.41	0.42	0.17
	山东	26157	2956	3114	1474	7543	0.39	0.41	0.20
	河南	25436	2674	2253	1149	6076	0.44	0.37	0.19
	黑龙江	25072	2825	3346	2490	8661	0.33	0.39	0.29
	吉林	24827	3305	3500	1786	8591	0.38	0.41	0.21
	宁夏	24715	4232	3258	1233	8723	0.49	0.37	0.14
	河北	24563	3007	3050	1680	7738	0.39	0.39	0.22
	江西	23938	2752	2814	1043	6609	0.42	0.43	0.16
	平均	25121	3074	3038	1506	7617	0.40	0.40	0.20

续表 8-8

地区		就业值	教师教辅薪水	学生服务	教研设备购置	生均质量成本	薪水占比/%	学生服务占比/%	教研设备占比/%
Ⅳ	贵州	23829	2703	3087	1361	7152	0.38	0.43	0.19
	湖南	23825	3124	3188	1848	8160	0.38	0.39	0.23
	云南	23181	3436	3134	1569	8138	0.42	0.39	0.19
	山西	22413	3122	3128	1132	7382	0.42	0.42	0.15
	新疆	19330	3385	4103	1868	9357	0.36	0.44	0.20
	西藏	19311	5519	4669	1718	11907	0.46	0.39	0.14
	甘肃	13297	3002	2689	1275	6967	0.43	0.39	0.18
	平均	20741	3470	3428	1539	8438	0.41	0.41	0.18

本书进一步对本科高校生均质量成本与就业分值进行实证分析，以明晰两者之间的关系，为本科高校人才培养质量成本的优化提供思路。

分析 2010 年高校本科高校数据的散点图可以看成，我国普通高校就业分值与生均质量成本、教师教辅薪水、学生服务、教研设备购置占比显著正相关，而与教师教辅薪水占比显著负相关。如图 8-8~图 8-13 所示。

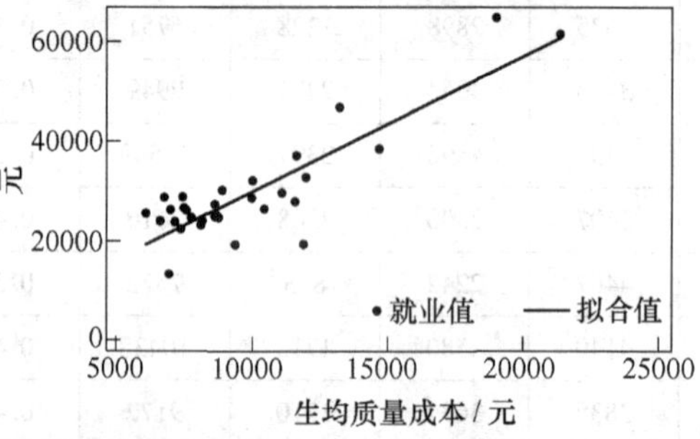

图 8-8 就业与生均质量成本散点

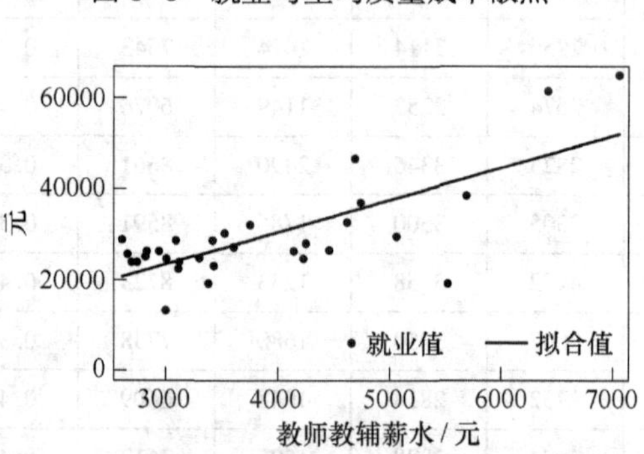

图 8-9 就业与教师教辅薪水散点

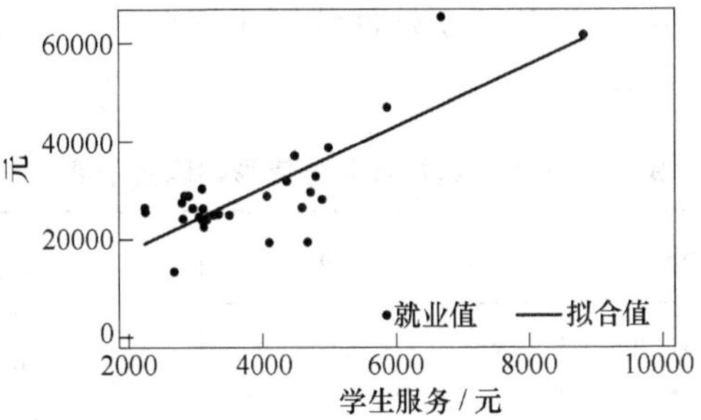

图 8-10　就业与学生服务散点

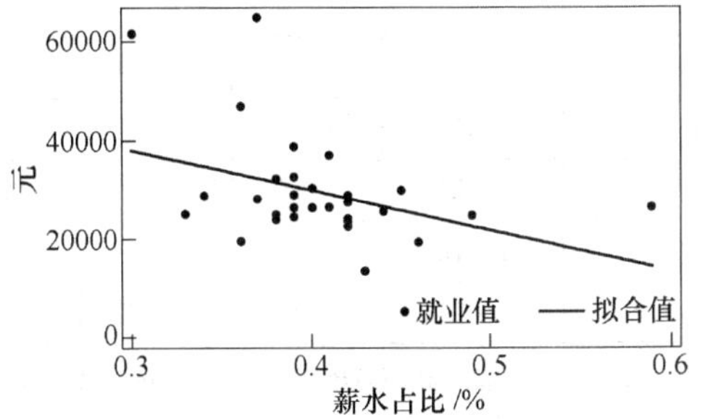

图 8-11　就业与教师教辅薪水占比散点

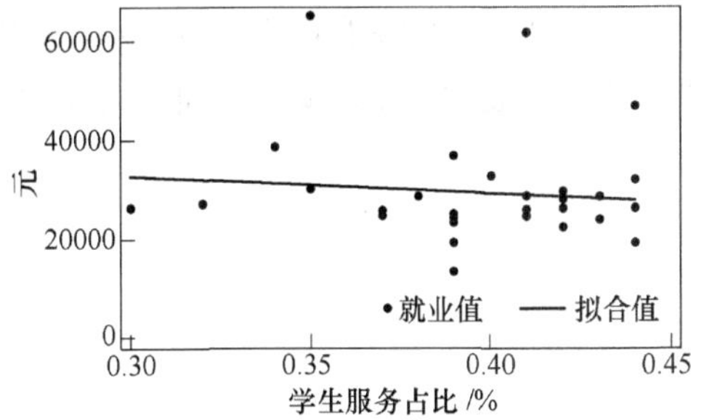

图 8-12　就业与学生服务占比散点

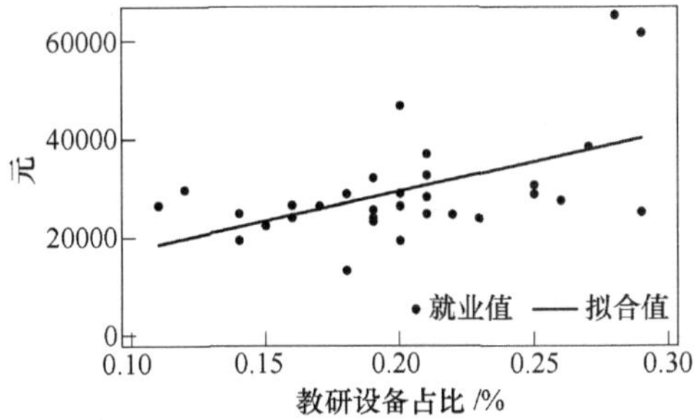

图 8-13　就业与教研设备购置占比散点

通过数据标准化后，运用 Stata 软件的逐步回归法，对以上变量进行稳健性回归，实证分析见表 8-9。

表 8-9 我国普通本科高校就业分值影响因素的实证分析结果

来源	SS	df	MS	
模型	24.0614498	3	8.02048328	Number of obs = 31 F（3，27）= 36.47 Prob>F = 0.0000
剩余	5.93855049	27	0.219946315	R-squared = 0.8020 Adj R-squared = 0.7801
总计	30.0000003	30	1.00000001	Root MSE = 0.46898

stvar1	Coef.	Std. Err.	t	p>丨t丨	[95% Conf. Interval]	
stvar7	0.2489776	0.1257014	1.98	0.058	-0.0089403	0.5068956
stvar6	0.3874688	0.1522282	2.55	0.017	0.0751223	0.6998154
stvar4	1.128603	0.1331824	8.47	0.000	0.855335	1.401871
_ cons	1.44e-09	0.0842321	0.00	1.000	-0.1728299	0.1728299

注：stvar7 表示学生服务占比；stvar6 表示教师教辅薪水占比；stvar4 表示教研设备购置。

结果显示，模型能解释我国普通高校就业分值方差的 78.01%。学生服务占比（stvar7）与就业分值正相关，学生服务支出越高，就业分值越高；教师教辅薪水占比（stvar6）的提高会导致普通本科高校就业效率的提高，影响系数位 0.387。教研设备购置占比（stvar4）与就业分值同样正相关，相关系数位 1.128。

第四篇

提升策略：欠发达地区高校人才培养质量提升路径

教育兴则国家兴，教育强则国家强。新时代的中国高等教育事业应遵循高等教育服务地方经济社会发展路径的一般规律，紧扣内涵式发展路线，以内部要素优化整合，外部良性互动实现人才培养质量的提升。

在新形势下，高等教育如何通过学科结构设置、人才培养质量成本实现高等教育与社会经济发展需要的同频共振，提升我国高等教育人才培养质量，这是我国高等教育事业发展需要重点思考和回答的问题。

本篇从学科结构与产业结构匹配、人才培养质量成本角度，探讨高等教育内部要素组合效率和外部产业溢出能力，进而提出欠发达地区高等教育人才培养质量提升路径，以期为新时代我国高等教育高质量发展提供理论依据和决策参考。

9 欠发达地区高等教育学科结构调整对策

产业发展改变了技术结构和就业结构，对人才素质提出了更高要求，这必然要求高等教育的发展变革与此相适应，尤其是促进学科专业结构的调整。当高等教育学科专业结构适应技术结构和就业结构变迁时，就能促进产业发展和经济增长；当高等教育学科专业结构不适应技术结构和就业结构变迁时，就会阻碍产业结构转型升级，从而延缓经济发展。因此，高等教育结构应主动与产业结构相适应，使调整学科专业结构建立在对人才需求科学预测的基础上。

9.1 欠发达地区高等教育学科结构调整需要考虑的方面

9.1.1 产业结构不合理，应大力发展二、三产业

江西省农业部门在地区生产总值中的比重始终高于全国平均水平，结构偏离系数始终大于零，且偏离系数有变大趋势，劳动生产率较低且形式在恶化，应加速劳动者流出。

第二产业总体结构偏离系数始终小于零，说明劳动生产率较高，应加速流入。具体从工业部门行业来看，煤炭开采和洗选业工业企业、食品制造业、纺织业、纺织服装鞋帽制造业等行业的结构偏离系数始终大于零，劳动生产率较低，应加速劳动者流出；而有色金属冶炼及压延加工业和石油加工及炼焦加工业结构偏离系数始终小于零，劳动生产率较高，鼓励流入。

第三产业就业结构和产值结构匹配程度逐步合理，但 2002 年之后江西省第三产业的发展滞后于全国平均水平，且与发达国家、我国发达地区 70%左右的生产总值占比相比，江西省第三产业的产业规模较小，还有提升空间。

9.1.2 高等教育与产业结构之间存在互动关系

理论上来看，高等教育对产业结构存在多重影响。长期来看，一方面，高等教育通过其规模质量和层次学科结构影响人力资本规模质量和结构，进而促进产业结构变动；另一方面，高等教育形成的知识积累可以通过成果转化、技术服务与咨询、研究能力、创办高技术企业、促进投资等多个角度促进技术进步，影响产业结构。

反之，地区经济发展会通过产业结构变迁改变对高等教育规模质量和结构的

需求，引导高等教育发展；同时经济增长带来收入水平提高，会促进高等教育消费，推动地区高等教育的发展。

9.1.3 高等教育学科结构不合理

目前，江西省高等教育存在着诸如基础薄弱，缺少高水平大学；高校类别齐全，但普遍层次不高；区域内高校布局过于集中，尤其较高水平大学；教育资源不足，生均教育资源下滑等问题。同时，江西省高等教育学科结构不尽合理，法学、理学和农学的学生人数与全国平均水平差距很大，需要提高规模，加快发展；而哲学、教育学、文学和管理学的文科类院校、专业比重偏大，趋同化明显。

9.1.4 高等教育结构影响产业结构的路径存在，但不完善

江西省高等院校学科结构与产业就业结构之间存在显著的相关关系。江西省人文学科毕业生的增加会提高农、林、牧、渔业，住宿和餐饮业的就业规模，影响采矿业制造业，建筑业，信息传输、软件和信息技术服务业，批发和零售业等行业的就业规模。应用学科毕业生的增加会提高信息传输、软件和信息技术服务业，电力、热力、燃气及水生产和供应业，科学研究和技术服务业，卫生和社会工作，文化、体育和娱乐业等行业的就业规模，影响农、林、牧、渔业，交通运输、仓储和邮政业，教育等行业的就业规模。基础学科毕业生的增长会提高电力、热力、燃气及水生产和供应业，信息传输、软件和信息技术服务业，批发和零售业，住宿和餐饮业，金融业等行业的就业规模，影响农、林、牧、渔业，居民服务、修理和其他服务业和文化、体育和娱乐业的就业规模。

从分析结果来看，当前江西省应加强理学和农学等学科的建设和培育，以促进批发零售和住宿餐饮业和金融业的发展。但江西省高等院校学科结构和产业产值结构之间的相关性并未获得有效支持。造成这种结果的可能原因在于学科结构—知识积累—技术创新—产业结构升级的路径不通畅，应加强产学研用合作，大力发展科技成果转移平台。

9.1.5 应充分借鉴国外成熟高等教育制度的经验

美日英的高等教育发展历史和经验说明，高等教育学科设置应根据社会需求决定专业口径宽窄，以增强学生的社会适应性，满足各种教育需要；应使文理渗透，不断产生交叉学科和跨学科专业，学科专业设置趋向综合化；政府应大力扶持新兴学科的发展；重视发展应用性和技术性的学科专业；重视建立和完善学科专业设置与调整的机制，培育专业评估机构负责保证学科专业的质量。

产业升级发展视角下高等教育学科结构调整的对策建议如下。

9.2 学科专业调整机制市场化

（1）行政力量不直接干预学科专业结构调整机制，以保证机制灵活性。在这方面，美国联邦政府和州政府一般是通过立法、经济资助、财政拨款等手段对高等学校施加影响；而具体的学科专业发展问题一般由高等学校和专业鉴定机构负责。

（2）保证高等学校在学科专业的设置和调整方面拥有比较大的自主权，以使其对社会的需求保持敏感性。

（3）大力发展各种学科专业的认证和鉴定制度，使得学科专业结构与其内涵、质量等紧密相连。政府负责引导学科专业的发展方向，而专业鉴定机构则负责保证学科专业设置的最低质量。

9.3 淡化学科专业体制，强化并建立课程适应性机制

淡化专业、强化课程，是从根本上解决学科专业及其人才培养的周期滞后性与人才市场需要迅变性矛盾的方法与出路。计划没有变化快。即使有非常灵活的高等教育制度，学科专业经常调整，也不可能完全跟得上市场变化的节奏。通过课程体系的改变来增强学科专业适应性，这种做法既可以克服专业教育固有的弊端，使得专业教育更加灵活，和市场的联系更加紧密；也可以改变以往过于强调专业而忽视基础的倾向，强化基础课程，建立学科专业课程的大平台，加厚学科专业的基础课，使学生受到很好的基础教育和训练，有效增强学生的社会适应性。

9.4 重视发展理学等基础性学科及应用性、技术性的学科专业

基础学科的直接经济效益不如应用学科突出，但是它对于推动技术创新、科技突破具有基础性作用，是一个国家创造力的源泉。美国的科技竞争力源于其拥有大批以数学、物理学、生物学等学科为代表的基础学科创新人才。从国外发达国家的学科结构来看，重视基础学科是比较一致的做法。江西省近年来的实证分析和数据对比也说明大力发展理学等基础性学科对于产业结构有着重要的作用。同时，必须要优先发展与江西省产业结构密切相关的，尤其是那些对江苏未来经济发展至关重要的支柱产业、高新技术产业、优势产业、新兴产业发展所需的学科专业，并大力培养此类相关人才。

9.5 加强产学研用合作，大力发展科技成果转移平台

高等教育具有传承知识、科学研究和服务社会的功能。其知识和科学技术成果必须要转化为实际应用才能产生服务社会的效果，否则，一切都是纸上谈。而

科学技术发展和应用的主体是企业，因此，高等教育各层次办学必须坚持校企合作、产学研结合，才能形成良好的互动。高等教育各层次与经济增长如图 9-1 所示。

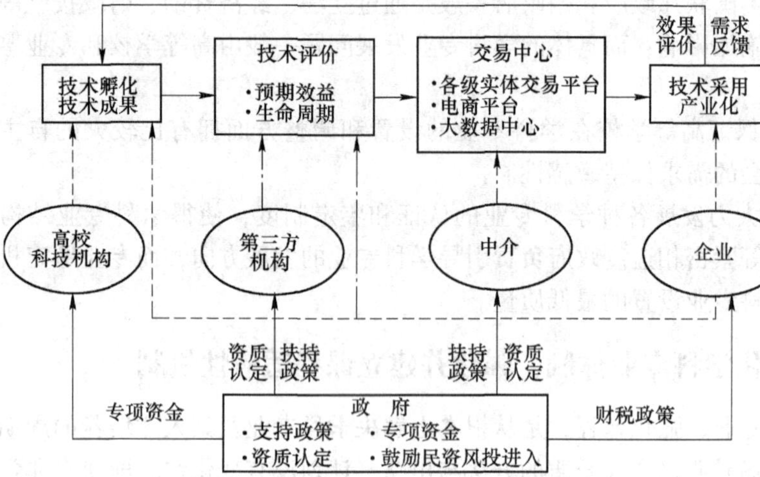

图 9-1 高等教育各层次与经济增长

江西省应以高校和科研机构、企业、中介为三大主体，形成技术孵化及成果形成-技术评价-交易服务中介-技术采用与产业化-技术孵化及成果形成的闭环系统，构建各司所长、分工明确、信息互通的线上线下同步交易的平台模式，构建高等院校学科发展引领产业结构升级的动力机制。

10 欠发达地区高校人才培养质量成本优化对策

10.1 大幅提高高等教育经费投入

近年来，江西省逐步加大对高等教育投入。2007~2013 年，江西省实际普通高等学校生均教育支出从 10746.72 元提高到 17393.12，年均增幅 8.36%，其中，事业费支出年均增幅 10.87%，个人部分年均增长 11.0%，公用部分年均增长 10.69%。高等教育支出的增加，带动了江西省人才培养质量成本的提高。2007~2013 年，江西省高校生均人才培养质量成本从 4137 元提高到 7843 元，年均增幅 11.25%。其中，生均教师教育薪水从 2112 元提高到 3687 元，学生服务从 1338.28 元提高到 2909.35 元，教研设备采购从 686.21 元提高到 1246.69 元，年均增幅分别达到 9.73%、13.82%和 10.46%。

虽然，近年来江西省高等教育投入大幅提高，但与全国相比，江西省高校生均质量成本水平较低。以 2010 年为例，江西省普通高校人才培养生均质量成本为 3718 元，排在全国 26 位，其中教师教辅薪水 1724 元，排在全国 22 位；学生服务 1718 元，排在 23 位；教研设备购置仅为 276 元，排在全国 30 位。不论是生均质量成本总额，还是分项构成，江西省普通高校人均质量成本均低于全国平均水平。

因此，鉴于高等教育人才培养质量成本与就业之间的显著正相关关系，江西省应大幅度提高高等教育经费投入，尤其是提高人才培养质量相关项目的投入。

10.2 投入层次侧重普通本科高校教育经费投入

从普通高校办学层次对比来看，江西省普通本科高校人才培养质量成本与专科人才培养质量成本的比值小于全国平均水平，排在全国第 22 位。教师教辅薪水、学生服务以及教研设备购置等构成项目的本科-专科比值均在全国平均以下，分别排在全国第 21 位、第 24 位和第 25 位。

因此，静态比较来看，江西省应加大对本科高校的教育经费投入。

10.3 以教研设备购置比例的提高促进质量成本效率的提升

教研设备购置对高等学院人才培养质量成本效率的提升具有显著的正向作

用。本书实证分析结果表明，普通高校人才培养生均质量成本中，教师教辅薪水的提高会导致我国普通高校就业效率的下降，影响系数为-0.20；而教研设备购置占比与就业效率正相关，相关系数位0.964；普通本科高校人才培养生均质量成本中，学生服务占比与就业效率正相关，学生服务支出越高，就业效率越高；教师教辅薪水占比的提高会导致普通本科高校就业效率的提高，影响系数位0.387；教研设备购置占比与就业效率同样正相关，相关系数位1.128。

在江西省高校人才培养质量成本构成中，江西省教师教辅薪水和学生服务比例高于全国平均水平，教研设备购置仅为全国平均水平的一半，为上海、北京和四川等地区的1/3，甚至1/4，处于全国倒数。

因此，提高江西省高校人才培养质量成本的使用效率应聚焦在教研设备购置投入的增长方面。

参考文献

[1] Acemoglu, Daron, David Autor. What Does Human Capital Do? A Review of Goldin and Katz's The Race between Education and Technology [J]. Journal of Economic Literature, 2012, 2: 426-463.

[2] Azariadis, Drazen. Threshold externalities in economic development. [J]. Quarterly Journal of Economics, 1990, 105 (2).

[3] Barro, RJ Economic Growth in a Cross Section of Countries [J]. The Quarterly Journal of Economics, 1992 (2).

[4] Benhabib J, Spiegel MM. The role of human capital in economic development: evidence from aggregate cross-country data [J]. Journal of Monetary Economics, 1994, 34 (2).

[5] Bils M, Klenow P. Does Schooling Cause Growth [J]. American Economic Review, 2000, 90 (5).

[6] Birdsall N J L. Londono. Asset Inequality Matters: An Assessment of the World Bank's Approach to Poverty Reduction [J]. American Economic Review, 1997, 87 (2).

[7] Card D. The Causal Effect of Education on Earnings. Handbook of Labor Economics [M]. Amsterdam: NorthHolland, 1999.

[8] Castello A, Domenech, R. Human Capital Inequality and Economic Growth: Some New Evidence [J]. The Economic Journal, 2002, 112 (2).

[9] Chow G, Lin A. Accounting for Economic Growth in Taiwan and Mainland China: A Comparative Analysis [J]. Journal of Comparative Economics, 2002 (30): 507-530.

[10] Concepción Jiménez-González, David . Constable, Alan D Curzons, Virginia L. Cunningham. Developing GSK' s green technology guidance: methodology for case-scenario comparison of technologies [J]. Clean Technologies and Environmental Policy, 2002 (1).

[11] Denison E F. The sources of Economic Growth in the United States and the Alternatives before Us [M]. Committee for Economic Development, New York, 1962.

[12] Dension E F. The Sources of Economic Growth in the United States and the Alternatives before US [M]. New York: Committee for Economic Development, 1985, 33.

[13] Emadzadeh et al. The role of human capital in economic growth [J]. Journal of Planning and Development, 2000, 5 (1): 15-27.

[14] Galor O, Moav O. Natural Selection and the Origin of Economic Growth [J]. The Quarterly Journal of Economic, 2002, 4: 1131-1191.

[15] Ishise H, Sawada Y. Aggregate Returns to Social Capital: Estimates Based on the Augmented Solow Model [J]. Journal of Macroeconomics, 2009 (31): 376-393.

[16] Islam, Nazrul. Growth Empirics: Panel Data Approach [J]. The Quarterly Journal of Economics, 1995, 110 (4).

[17] Jan Fagerberg. Technological progress, structural change and productivity growth: a comparative study [J]. Structural Change and Economic Dynamics.

[18] Jiang Y T, et al. The Threshold Effect of High—level Human Capital Investment on China's

Urban－rural Income Gap ［J］. China Agricultural Economic Review, 2011, 3 (3): 297-320.

［19］Kendrick J W. Total Capital and Economic Growth ［J］. Atlantic Economic Journal, 1994 (22): 1-18.

［20］Krueger, Alan, Lindahl Mikael. Education for Growth: Why and for how? ［J］. Journal of Economic Literature, 2001, 39 (4).

［21］Lintin Chun. Education, technical Progress, and economic growth: the case of Taiwan ［J］. Economics of Education Review, 2003 (4).

［22］Lucas R E. On the Mechanics of Economic Development ［J］. Journal of Monetary Economics, 1988, 22, 3-42.

［23］MakotoTawada, ShuqinSun. Urban Pollution, Unemployment and National Welfare in a Dualistic Economy ［J］. Review of Development Economics, 2010 (2).

［24］Mankiw NG , Romer D, Weil D N. A Contribution to the Empirical of Economic Growth ［J］. The Quarterly Journal of Economics, 1992, 107 (2): 407-437.

［25］Menon M E. Perceived rates of return to higher education in Cyprus ［J］. Economics of Education Review, 1997, 16 (4).

［26］Montgomery D. Introduction to Statistical Quality control ［M］. New York: Wiley Publisher, 2006.

［27］Nelson Richard, Phelps Edmund. Investment in Humans, Technological Diffusion, and Economic Growth ［J］. American Economic Review, 1966.

［28］Permani Risti. The Role of Education in Economic Growth in East Asia: a survey ［J］. Asian pacific economic literature, 2009 , Vol. 23 Issue 1.

［29］Plummer P Taylor, M. Entrepreneurship and human capital: distilling models of local economic growth to inform policy ［J］. Journal of Small Business and Enterprise Development, 2004, 11 (4): 427-439.

［30］Pritchett L. Where Has All the Education Gone ［J］. World Bank Economic Review, 2001, 15 (3).

［31］Richard K Vedder. Going Broke by Degree: Why College Costs Too Much ［M］. Washington, DC: AEI Press, 2004.

［32］Romer Paul. Crazy Explanations for the Productivity Slow down ［J］. NBER Macroeconomics Annual, 1987.

［33］Romer Paul M. Endogenous Technological Change ［J］. Journal of Political Economy, 1990.

［34］Schultz T W. Education and Economic Growth in N. B. Henry ［M］. Chicago: University of Chicago Press, 1961.

［35］Stefan Franz Schubert, Juan Gabriel Brida, Wiston Adrián Risso. The impacts of international tourism demand on economic growth of small economies dependent on tourism ［J］. Tourism Management, 2010 (2).

［36］Stella Karoulia, Theodosia Tsionou. Information Gathering in Greek Tourism Entrepreneurship ［J］. Procedia - Social and Behavioral Sciences, 2013.

[37] Vicki Norberg-Bohm. Stimulating ‘green’ technological innovation: An analysis of alternative policy mechanisms [J]. Policy Sciences. 1999 (1).
[38] William F. Massey, Honoring the Trust: Quality and Cost Containment in Higher Education [M]. Bolton: Anker Publishing Company, 2003.
[39] Zeira, Joseph. Why and How Education Affects Economic Growth [J]. Review of International Economics. 2009, Vol. 17 Issue 3.
[40] 柏培文. 全国及省际人力资本水平存量估算 [J]. 厦门大学学报, 2012 (4).
[41] 边雅静, 沈利生. 人力资本对我国东西部经济增长影响的实证分析 [J]. 数量经济技术经济研究, 2004 (12).
[42] 别敦荣. 论高等教育内涵式发展 [J]. 中国高教研究, 2018 (6): 8-9.
[43] 蔡克勇. 就业结构的变化趋势与高等教育结构的调整 [J]. 理工高教研究, 2002 (4).
[44] 查吉德. 美国研究型大学的社会服务功能及实现策略 [J]. 南京航空航天大学学报, 2002 (6).
[45] 常远. 劳动力流动对中国各区域人力资本的影响—基于省级面板数据的角度研究 [J]. 工业技术经济, 2015 (5).
[46] 陈超. 产业结构现代化与高校人才培养模式改革 [J]. 现代教育科学, 2003 (5) .
[47] 陈建军, 杨飞. 人力资本异质性与区域产业升级: 基于前沿文献的讨论 [J]. 浙江大学学报, 2014 (9).
[48] 陈敬良. 高等教育成本管理论 [M]. 上海: 上海科技教育出版社, 2001.
[49] 陈俊生. 高等教育成本核算方法研究 [J]. 黑龙江高教研究, 2003 (5).
[50] 陈晓迅, 夏海勇. 我国劳动力流动对迁出地经济发展的影响——基于人才获得理论的考察 [J]. 南京社会科学, 2012, 11 (17).
[51] 陈运平, 胡德龙. 人力资本结构与经济结构的协整分析 [J]. 经济问题, 2010 (2).
[52] 成刚. 我国高校成本效率研究 [J]. 江西财经大学学报, 2008 (3).
[53] 崔玉平. 中国高等教育对经济增长率的贡献 [J]. 北京师范大学学报 (社科版), 2000 (1).
[54] 代谦, 别朝霞. FDI、人力资本积累与经济增长 [J]. 经济研究, 2006 (4).
[55] 戴启文, 杨建仁. 产业结构升级与人力资本水平关系的实证研究——以江西省为例 [J]. 江西社会科学, 2007 (12).
[56] 邸俊鹏, 孙百才. 高等教育对经济增长的影响-基于分专业视角的实证分析 [J]. 教育研究, 2014 (9).
[57] 段庆锋. 我国“985 工程”高校科研绩效的影响因素——基于 DEA-Malmquist 的实证研究 [J]. 大连理工大学学报 (社会科学版), 2013 (3): 114-119.
[58] 樊士德, 姜德波. 劳动力流动与地区经济增长差距研究 [J]. 中国人口科学, 2011 (2).
[59] 樊士德. 劳动力流动对中国经济增长贡献显著吗——基于区域递归视角的经验验证 [J]. 财经科学, 2014 (1).
[60] 范巧. 永续盘存法细节设定与中国资本存量估算: 1952—2009 年 [J]. 云南财经大学学报, 2012 (3).

[61] 方明，解平，张庚家. 安徽高校学科专业结构调整研究与实践 [J]. 高等农业教育，2005 (7).

[62] 冯光娣，陈佩佩，田金方. 基于 DEA-Malmquist 方法的中国高校科研效率分析——来自 30 个省际面板数据的经验研究 [J]. 现代财经，2012 (12)：61-73.

[63] 冯光明. 基于 ISO9000 族标准的高等学校本科教育质量管理体系的构建方法 [J]. 科技信息，2007 (25).

[64] 高端君，彭佳林，李孜. 基于 VAR 的人口流动与地区经济关系研究——以重庆市为例 [J]. 西北人口，2015，36 (1).

[65] 高星，李瑞，曾国华. 健康人力资本对经济增长影响研究——基于我国省级面板数据的经验分析 [J]. 科技与经济，2016 (5).

[66] 古耀杰，任艳珍. 人力资本、R&D、能源消耗与经济增长关系研究—中国经济增长驱动因素的实证分析 [J]. 经济研究，2015 (2).

[67] 郭继强. 人力资本投资的结构分析 [J]. 经济学（季刊），2005 (3).

[68] 郭文杰，李泽红. 劳动力流动、服务业增长与经济结构转换——基于中国省际面板数据的实证研究 [J]. 数量经济技术经济研究，2009，11 (10).

[69] 杭永宝. 中国教育对经济增长贡献率分类测算及其相关分析 [J]. 教育研究，2007 (2).

[70] 侯风云. 中国人力资本投资与城乡就业相关性研究 [M]. 上海：上海三联书店，上海人民出版社，2007.

[71] 胡建华. 高等教育价值观视野下的高等教育质量 [J]. 高等教育研究，2005 (11).

[72] 黄维海，袁连生. 1990~2010 年期间人力资本存量测度、分布与增长质量分解 [J]. 江苏社会科学，2014 (4)：62-71.

[73] 焦斌龙，焦志明. 中国人力资本存量估算：1978~2007 [J]. 经济学家，2010 (9).

[74] 解垩. 高等教育对经济增长的贡献：基于两部门内生增长模型 [J]. 清华大学教育研究，2005 (5).

[75] 李宾. 我国资本存量估算的比较分析 [J]. 数量经济技术经济研究，2011，28 (12).

[76] 李彬. 产业结构的调整与人才需求及供给的选择 [J]. 科学学与科学技术管理. 2005 (12).

[77] 李彬. 产业结构的调整与人才需求及其培养模式 [J]. 高等工程教育研究，2006 (5).

[78] 李春涛，宋敏. 中国制造业企业的创新活动：所有制和 CEO 激励的作用 [J]. 经济研究，2010 (5).

[79] 李春涛，宋敏. 中国制造业企业的创新活动：所有制和 CEO 激励的作用 [J]. 经济研究，2010 (5).

[80] 李福柱. 人力资本结构刍议 [J]. 山东师范大学学报（人文社会科学版），2005 (6).

[81] 李海峥，梁贯玲，刘智强，等. 中国人力资本测度与指数构建 [J]. 经济研究，2010 (8).

[82] 李娜. 高校教育质量成本管理模式研究 [J]. 煤炭高等教育，2006 (7).

[83] 李佩萍. 外部投资视角下高校人才培养质量成本影响因素分析 [J]. 经济研究导刊，2014 (31).

[84] 李拓，李斌．中国跨地区人口流动的影响因素——基于286个城市面板数据的空间计量检验［J］．中国人口科学，2015（2）．
[85] 李晓斌．基于DEA的高校二级院系科研效率评价研究［J］．科技管理研究，2013，6（13）：55-58．
[86] 李瑞，曾国华．我国高校科研效率评价——基于面板DEA的动态评价与地区差异研究［J］．财会月刊，2017（3）．
[87] 李瑞，吴寅，曾国华．人口流动视角下生产要素对地区经济增长贡献研究［J］．商业经济研究，2016（14）．
[88] 李战国，谢仁业．美国高校学科专业结构与产业结构的互动关系研究［J］．中国高教研究，2011（7）．
[89] 林蕙青．高等学校学科专业结构调整研究［D］．厦门：厦门大学博士学位论文，2006．
[90] 林永柏．高等教育质量内适性与外适性的辩证关系［J］．辽宁教育研究，2008（4）．
[91] 刘国瑞，高树仁．高等教育发展方式转变的历史逻辑与现实选择［J］．高等教育研究，2015，36（10）：1-7．
[92] 刘俊芹，李桐．高等教育成本核算的难点及其对策分析［J］．商业经济，2005（12）．
[93] 刘丽建．区域高等教育学科结构与产业结构关系的实证研究-基于福建省的数据［J］．高等农业教育，2014（9）．
[94] 刘兴凯，左小娟．我国高校科研效率的区域性特征及影响因素分析——基于三阶段DEA方法的实证研究［J］．国家教育行政学院学报，2015（5）：77-83．
[95] 刘尧．西方高等教育质量观及评估综述［J］．开放教育研究，2006（1）．
[96] 刘智勇，胡永远，易先忠．异质型人力资本对经济增长的作用机制检验［J］．数量经济技术经济研究，2008（4）．
[97] 楼英伟．高等教育人才供求结构预测研究［J］．辽宁教育研究，2005（9）．
[98] 陆根书．教育经费结构对高校教育科研质量的影响［J］．现代大学教学，2003（2）．
[99] 鹿力，中国高校人才供给与产业人才需求拟合研究．［J］．中国人口科学，2005（4）．
[100] 马佳宏，周会娟．调整与适应：高等教育结构与劳动力市场的关系探寻［J］．广西师范大学学报（哲学社会科学版），2004（2）．
[101] 马廷奇．产业结构转型、专业结构调整与大学生就业促进［J］．中国高等教育，2013（15）．
[102] 欧阳峣，刘智勇．发展中大国人力资本综合优势与经济-基于异质性与适应性视角的研究［J］．中国工业经济，2010（11）．
[103] 沈洪涛．对推进我国高等教育绩效拨款改革的思考［J］．财会月刊，2015（14）：90-93．
[104] 沈立宏，赵怡．基于数据包络分析的地方高校科研绩效评价［J］．高等工程教育研究，2016（3）：147-151．
[105] 宋华明，王荣．高等教育对经济增长率的贡献测算及相关分析［J］．高等工程教育研究，2005（1）．
[106] 王守法，王云霞．高等教育与区域经济发展关系的理论探讨［J］．北京工商大学学报（社会科学版），2006（3）．

[107] 王晓红，陈浩．“211 工程” 高校科研投入与重点产出边际收益递增的实证研究 [C]．第九届全国科技评价学术研讨会，2009.
[108] 王志华，贝绍轶，董存田．我国产业结构与高校专业结构协调性分析-兼论大学生就业难与“技工荒”问题 [J]．经济问题，2014 (10).
[109] 温军，冯根福．异质机构、企业性质与自主创新 [J]．经济研究，2012 (3).
[110] 吴良平，曾国华，余来文．劳动力成本提升对地区创新能力的影响研究 [J]．现代管理科学，2014 (10).
[111] 罗良针．“三关系论” 视域下江西高等教育区域发展策略 [J]．江西社会科学，2014 (6).
[112] 吴明芳．高等教育成本核算探析 [J]．会计之友，2008 (5).
[113] 吴雯雯，曾国华，余来文．高校人才培养质量成本：效率测算与结构优化 [J]．教育财会研究，2016 (6).
[114] 吴雯雯，曾国华．高等教育学科结构与产业结构适配问题——以江西省为例 [J]．教育学术月刊，2015 (5).
[115] 辛督强．基于 DEA 的国家重点实验室投入产出效率评价 [J]．实验技术与管理，2014，31 (4)：220-223.
[116] 杨爽．经济增长中人力资本适配性的测度——基于中国省际数据的实证分析 [J]．经济学家，2010 (5).
[117] 杨文培，徐碧红，霍增辉．试论高校办学的质量成本理念 [J]．教育教学论坛，2013 (1).
[118] 姚功祥，敬枫蓉，李超．经济发展与高等教育学科结构关系的模型研究 [J]．成都信息工程学院学报，2003 (2).
[119] 俞立平．企业性质与创新效率-基于国家大中型工业企业的研究 [J]．数量经济技术经济研究，2007 (5).
[120] 曾国华，吴雯雯，余来文．人才匹配度对我国制造业劳动生产率的影响研究 [J]．管理学刊，2014 (4).
[121] 张棣．高等教育专业结构调整与经济发展的相关分析 [J]．理论月刊．2002 (5).
[122] 张国强，温军，汤向俊．中国人力资本、人力资本结构与产业结构升级 [J]．中国人口，资源与环境，2011 (10).
[123] 张炜．高校人才培养的质量成本研究 [D]．武汉：华中科技大学博士学位论文，2010.
[124] 张炜．我国中部高水平大学教师人才培养质量成本转化建模分析 [J]．高校教育管理，2015 (1).
[125] 张炜．中国高校人才培养质量成本的区间分层探析 [J]．经济研究导刊，2012 (20).
[126] 张亚芳，郑爱华．高校教育质量成本控制模型研究 [J]．教育财会研究，2006 (2).
[127] 张延平，李明生．我国区域人才结构优化与产业结构升级的协调适配度评价研究 [J]．中国软科学，2011 (3).
[128] 赵国庆，张中元．FDI 溢出效应、创新活动与技术进步——基于中国高技术产业的实证分析 [J]．经济理论与经济管理，2008 (11).
[129] 赵文报，李英．高等学校学科专业结构调整与产业结构调整 [J]．河北广播电视大学

学报，2004（4）.
[130] 郑爱华，董靖，李文美. 高等教育质量成本研究［J］. 事业财会，2005（5）.
[131] 郑爱华，王雷. 降低高校教育质量成本思考［J］. 黑龙江教育，2006（10）.
[132] 朱晓东，张忠家，王利军. 我国高等教育对经济增长贡献的区域差异研究——基于人力资本产出弹性视角［J］. 江西社会科学，2014（2）.